はじめに

本書を手に取ってくださったということは、あなたはこれから家を購入する予定があったり、家を買うことに関心を持ったりしているのだと思います。

住宅購入を検討している方の多くは共通して、次の**2つの悩み**を抱えています。

・**どのように進めていくのか分からなくて不安だ。**
・**大きな買い物なので失敗したくない。**

こうした悩みを解決した上で、家を買ったはずなのに、「こんなはずじゃなかった」という後悔を味わう人は後を絶ちません。それはたとえば次のような後悔です。

・思っていたより狭い。家事がしにくい間取りだった。
・湿気が多くてカビが生えやすい。
・通勤や買い物に不便を感じる。
・夜間、近くの道が暗い。スピードを出す車が多くて危ない。

・騒音や振動がうるさくて我慢できない。
・ご近所さんとの付き合いがうまくいかない。
・毎月のローンの支払いが苦しい。
・ローンが払えなくて手放すことになってしまった……。

「こんなはずじゃなかった」といった後悔を避ける家探しは、不可能なのでしょうか。

私は**後悔しない家探しは実現できる**と信じています。そのための指南書になれば幸いです。**初めて通る道よりも、2回目に通る道の方が冷静に余裕を持って歩けますよね。皆さまが住宅購入する上で必ず通る道を、あらかじめ通ったことのある道にするために**この本を書きました。

失敗しないための基本的な知識とポイントを分かりやすく説明するとともに、不安のない家探しをしていただくためのコツを詳細にご紹介しています。

これまで私は、自分が購入する気持ちで多くのお客さまの家探しをサポートしてきました。数多くのお客さまの希望をかなえてきた、そのノウハウをまとめました。

①家を購入する前に必要となる基礎知識と心構え

②あなたに最適な物件の絞り方
③家探しを左右する業者や担当者の選び方
④住宅ローンの選び方
⑤リノベーション（お洒落なリフォーム・大規模改修）物件
など、家を購入する際に、ぜひ知っておいて欲しい情報をまとめ、
・購入者からよく受ける質問
・家を購入する際の「チェックシート」
を用意しました。

本書を最大限に活用していただき、失敗や後悔のない、あなたにとって最適な住まいを手に入れていただければ、これ以上の喜びはありません。最後までどうぞお付き合いください。

もくじ

第2章　失敗しない家探し

第3章　失敗しない業者選び

第6章 マイホーム購入のよくある質問にお答えします！

第1章

家を購入する前にやっておくこと

1　家探しは「プロポーズのディナー」

■人生に1回？の大イベント

家を買うことは、人生の中で数回あるかどうかの大変大きなイベントです。

食事で例えるなら、日常のランチを選ぶのとは訳が違い、恋人にプロポーズするための、雰囲気満点で料理も豪華なディナーを探すのと同じくらい重要といえるでしょう。

家は家族と並んで、人生の伴侶と呼ぶべき存在です。選んだ相手次第で、今後の人生が大きく変わってしまう可能性もあります。

取り返しがつかないこともあるので、

「本当にここに決めてよかったのだろうか」

「もっといいものが自分にはあったのではないか」

と慎重に事を運んで、住み始めてから後悔のない家探しをしたいものです。

プロポーズするためのディナーを決める際、雰囲気抜群のお店探しはもちろんのこと、その日の服装だとか、プロポーズのセリフとか、そのときに渡す花束やエンゲージリングも検討しなければいけませんし、その他**もろもろ事前に準備するべき事柄はたくさんあります**。大前提として予算も決めておかないといけません。

これと**同様に、家を探すに当たって必ず押さえておきたいこと、気を付けておきたいポイント**というものがあります。

■広い視野を持つ

家探しというのは、きれいさ、広さ、新しさ、予算や交通の便など、物件そのものが持つ表面的な特徴にばかり目が行きがちです。

しかし、**真に見るべきはそこだけではありません**。

「この家に住むことで、生活や気持ちの面でどのような幸せな生活が実現できるか」この視点こそが最も重要であると私は考えています。

具体的に突き詰めれば、「住宅ローンや税金を問題なく支払えるか」という台所事情には万全を期すべきですし、「安さが魅力の物件だけれど、安さは何か（利便性・新しさ・広さ）を犠牲にしたものではないか」「**今、そして将来、家族の生活を保障するに足る家なのか**」といった視点を持って物件を吟味する必要があります。

必ずしも見映えがよくて高額な物件を買うことが、私たちの幸せとは限りません。逆に「安いから」という理由で物件を購入して、妥協の折り重なった建物で我慢の生活を強いられるのは、不幸な人生といえるかもしれません。

■金額の錯覚に気を付ける

不動産探しのアドバイザーとして、お客さまの家探しのサポートをしていると、しばしばこんな場面に出くわします。

中古物件を買って、何カ所か手直し（リフォーム）したケースです。お風呂を一新することになって、施工業者から「10万円プラスすれば、浴室にテレビを付けられる」という提案が出てきました。

この提案に対しお客さまは、「10万円なら、付けちゃおっか」と、二つ返事で受け入れそうになりました。普段の生活の中で、「10万円なら」という気分で、その場で即決する買い物があるでしょうか。

「本当に今自分たちに必要なものなのか」

「他の商品と比較するべきではないか」

普段の買い物の際は、こういったことをきちんと踏まえ慎重に検討してから、購入するかどうかを決めるはずです。

家の購入という、数百、数千万円あるいは億の単位になる買い物では、10万円という金額を「ちっぽけなもの」と錯覚してしまうことが、多くのお客さまに起きています。金銭感覚が麻痺しているのです。

私はこういった場面に遭遇したら、冷静になってもらうように、中立的な立場でアドバイスをしています。

「テレビを付ける工事なら、後からでもできることです。本当に必要であれば即決されてもいいとは思いますが、慎重に検討されてみてはいかがでしょうか？」

10万円は決して少額ではありません。お風呂のテレビ以外の別なことに使った方が、お客さまにとってプラスになるかもしれません。たとえば、キッチンに1ランク上の設備を入れて実用性を増したり、貯金や旅行などの安心やぜいたくに充てたりした方が、有意義かもしれません。

私はお客さまのこれからの暮らし方を想像して、いくつかの具体的なアドバイスをすることにしています。決めるのはお客さまですから、あくまで選択肢の1つとして提案します。たとえ1万円であっても、額の大小に関係なく有意義な選択をしてもらいたいと思っています。

私は浴室のテレビに嫌な思い出があるわけではありません(笑)。このお客さまには不要ではないかと感じただけなのです。

このように、家を買う際は、金銭の感覚が狂ってしまわないよう注意が必要です。

■ルールやポイントをきちんと把握する

家探しには専門の不動産業者がサポートで付いてくれるので、多くの複雑な手続きは彼らに任せておけば進んでいきます。しかし、立地・広さ・ローンのことなど、実際にそこに住まないのに、住む人と同じように判断ができるかは別問題です。

そのために、**自身が全く知識のない状態で購入手続きを進めていくのはリスクがあります。**

普段の買い物であれば、失敗しても「次は別のものを買えばいいや」で済みますが、高額の家となると、そう簡単に買い換えるわけにはいきません。

不動産売買をビジネスにするのなら、失敗や成功を重ねて実践経験を積むことができますが、**住む家を購入する場合は、一発勝負で人生を左右する買い物**をしなければいけないのです。

失敗は許されないのですから、住宅購入に当たって、**不動産売買の基本的な仕組みやルールを広く浅くでも知っておく必要があります。知らないまま住宅を購入することは、赤信号や一方通行とは知らないまま走行するのと同じくらいの「危険」**が潜んでいます。

物件の本体価格以外にどういった出費が考えられるのか、引き渡しまでどういう流れなのか、金融機関の審査にはどういった資料を提出すればいいのかなど、知っておくべきことはたくさんあります。

サポートしてくれる不動産業者も当然知識は持っていますが、**説明不足**になることも考えられますし、**解釈の違いで誤解が生じることもあります**。

不動産業者には事細かに確認を取るよう心がけましょう。また、知らない用語や仕組みに出くわしたら、遠慮なく質問し説明を求めるようにしましょう。住宅購入で失敗しないための必須条件です。

2 家を買う3つの動機

■なぜわざわざ大きな借金を背負うのか

家を買う際には、あらかじめ踏まえておきたいことがいくつもあります。「これから大きな買い物をするんだ」という覚悟を持つことはもちろんですが、そもそも「なぜ家を買いたいのか」という自身への問いかけや、買う上でどんな事前準備が必要で、どういった選択を迫られ、どのように解決しなければならない問題があるのか、きちんと整理しておくことが重要です。

確固とした計画を持たずに家探しを始めてしまうと、売り上げばかりを優先する業者につかまってしまったとき、業者の言われるがままに自分の理想とはほど遠い物件を買わされてしまったり、生活設計から大きく逸脱した住宅ローンを組んだりすることになりかねないからです。

家探し・購入は決して受動的に行ってはいけません。自ら考え、積極的に動いて、理想の物件と巡り会い、後悔のない安息のマイホーム生活を手に入れるべきです。

そのための第一歩としてまず、家を買う動機について考えてみましょう。

・結婚するから
・子どもができたから
・何となく欲しいから

このような理由で家を買おうとする方がいますが、これらは必ずしも家を買う合理的な動機とはいえません。なぜなら、これらの動機を満たすなら賃貸物件でも問題ないからです。

では、なぜ私たちは、大きな借金を背負い、何十年ものローンを組んでまで家を買おうとするのでしょうか。

私は大きく3つの動機があると考えています。

・信用構築
・家族の結束力の向上
・資産性（有意義な支払い）

■3つの動機の意味

●信用構築

マイホームを持っている方とそうでない方では、世間からの見え方が異なると考えられています。ここでいう世間とは、親族や会社の仲間や取引先、知人や友人などを指します。さらには、今後信用取引を行う際に、担保となるマイホームの有無は大きな評価の分かれ目となります。この点においても、家の購入は信用構築の1つといえるでしょう。

「そろそろ年齢的にも不動産を購入した方がいいと感じ始めた」

「同年代の知人が購入したから」

といったきっかけから住宅購入の検討を始める方がいますが、これらも信用構築が動機です。マイホームの取得に対し支援制度がある企業もたくさんあります。このように、世間からの見え方を変えて新たな信用構築を生み出すことが、家を買う動機の1つになるわけです。

●家族の結束力の向上

家を購入することで、家族の絆が強まります。

家を買う場合、多くの人が住宅ローンを組みます。住宅ローンは、将来にわたる家計への負担であり、変更することが困難です。この点で、賃貸の家賃支払いとは、重みが全く違います。家賃は負担がきつくなったら引っ越しをすることで軽減することができますが、住宅ローンの軽減は簡単ではありません。

つまり、住宅ローンの支払いが発生することで、家を死守するために家族一丸となって協力し合い、「ローン返済に向けて頑張ろう」という気持ちが強まっていくのです。

実際、**マイホームの購入を経て夫婦の絆が深まったというご家族**は多数いらっしゃるようです。賃貸住宅の家賃の支払いとは一味違った、お金や住まいへの価値観が生み出されるのかもしれませんね。

持ち家に対する思い入れも家族の結束力の向上に大きく関わってきます。子どもの成長を柱に刻むといった、自由な住まいの使い方ができることも、家族の絆を深めることに一役買ってくれます。

家族の気持ちを1つにまとめ、深い愛情を持って支えあっていくモチベーションの1つとして、家は存在しうるということです。これも家を買う確かな動機になります。

●資産性

資産性とは言葉の通り、購入し所有権を得た家が資産として期待できるということです。

住宅ローンを組んで家を買うことは長期的投資です。いわば**自分がオーナーの物件に自分で住み、自分で家賃を支払っている状態**です。

これが賃貸であれば、家賃を何十年と払っていたとしても、自分の資産になることは決してありません。退去したら即刻、自分とは関係のない不動産になります。

購入した家は長く自分の持ち物とし、ローン完済後も資産として持つことができます。**子孫に受け継がせることもできますし、売却してお金にすることも可能**です。

家は資産として大きな魅力を有しています。しかも**住宅ローンで借りられるお金は、他のローンに比べて金利が低い**ので、極めてリスクの低い優良な投資といえます。

さらに、住宅ローン控除や、すまい給付金といった国の制度も追い風となるでしょう。

■人間関係や将来設計を充実させる

「周りが買い始めたから」や「子どもができたから」は家を買うきっかけに過ぎず、これらを動機、つまりモチベーションの1つとして住宅購入をスタートさせたとしても、正しい家探しは実現しにくいというのが私の感じるところです。

大事なことは、今述べてきた「信用構築」「家族の結束力の向上」「資産性」という大きな3つの動機を知り、長期的な目線を持って、これからの人間関係や人生設計においてどれほどのメリットを与えてくれるかをイメージしながら、家探しをスタートさせることです。

もしイメージが膨らまず、マイホームを手に入れることに魅力を感じないのであれば、「今は買い時ではない」ということになります。

間違っても「みんな買っているから」といったきっかけで、勢い任せで買ってはいけません。「無理なローンを組んで返済に四苦八苦している」「想定以上に通勤がきつくて生活がストレス」「ご近所付き合いがうまくいっていない」など、後になって綻びが次々と出てくるかもしれないからです。

3 時間はじっくりかけよう

■家探しも急がば回れ

家探しでは、不動産業者とともに物件を巡ることになります。

その中で、ときにこういったことを伝えてくる業者もいます。

「人気物件なので、急がないとなくなっちゃいますよ」

「早い者勝ちですから、決めるならお早めに！」

このような、購入を急かしてくる業者には気を付けましょう。

商売ですから先を急ぐのは仕方のないことですし、彼らも良い物件だと思うからそのように言ってくるのですが、家は急いで買うものではありません。

この先の長い人生をかけ、愛着を持って住む家を、ほんの数日で決めることなどできるわけがないのです。

「ここに絶対住みたい！」という運命的な出会いをしたのであれば、私も止めはしませんが、**家探しや購入に比較検討は必須**であると私は感じています。**比較検討することで物件の相場や自分なりの住まいへの価値観が見えてきて、正解にたどり着く可能性が高まっていく**はずです。

ですから、家探しはじっくり時間をかけるべきです。かといって、見学して即決することが悪いとは限りません。**判断できるくらいの知識と覚悟が整っていない時点での「焦り決め」が問題**なのです。

■「買わない」という結論もある

家はあくまでも「健康で幸せな未来」を送るためのアイテムの1つであり、最終目標ではありません。

本書を執筆している2019年現在、住宅ローンは低金利時代であり、購入者にとっては「非常にお買い得」な状況となっています。

「低金利の今を逃したら損！」といった不動産広告を見かけますが、低金利だからという理由だけで物件を購入するのは推奨できません。

かくいう私も低金利の時代に家を買った人間ではありますが、もし自分の理想に合致した物件に出会うことがなければ、購入を先延ばしにしていたことでしょう。

低金利の今、物件を探してみることは悪いことではありませんが、「買う」という結論へ至る必要は全くありません。

納得がいくまで物件を巡っていくべきですし、住宅ローンも自分にあったものが見つかるまで粘った方がいいでしょう。「低金利のうちに決めないと」と焦って買うと、「こんなはずじゃなかった」と悔いの残る家探しとなってしまいます。

逆に、明確な購入期限が設定されていないため、失敗が怖いからと足踏みばかりしてしまう方もいます。

時間をかければかけるほど、「失敗したくない」という強い観念にとらわれてしまうものです。これは仕方がないことでしょう。

それでは、時間をじっくりかけつつも、失敗を恐れず、成功を確信しながら、最終的な着地点を見つけるにはどうすればいいのでしょうか。次節で説明していきます。

4 失敗しない家探しとは

■2つのケースを紹介

時間をじっくりかけ、検討に検討を重ねて家を選んだのに、結果的に失敗してしまった。そういうケースは山ほどあります。

家探しの勝敗の分かれ目はどこにあるのでしょうか。

失敗した家探しと、成功した家探し。実際に私が見聞きした、あるお2人の事例で考えていきましょう。

■家探しで失敗したAさん

Aさん一家が希望したのは設備の整ったマンション。小さい子どもがいるので、足音を気にしないで済む1階部分を、じっくり時間をかけて探していました。

相場よりも安く販売されていたマンション1階の物件を見つけ、さっそく不動産業者へ連絡し、仕事が休みの日曜日に見学へと赴きました。

室内はきれいで広さも十分、1階部分ですが日当たりもよく、Aさん一家の希望を満たした理想的な物件と出会うことがかないました。

しかしこうも理想通りだと、逆に引っかかります。

「なぜこれほどいい物件なのに、安い価格で提供されていて、しかも買い手がいないのか」

Aさんはすぐ安さの理由を見つけることができました。窓のすぐ外に道路があり、通行人がたやすく室内をのぞける位置関係にあったのです。

「これは確かに気になる部分だ」

あまりにも人通りが多いようであれば、ストレスの原因にもなりかねないのでこの物件は買わない方がいいだろう。そう感じたAさんは、5分ほど窓から外を眺めて通行量を確かめました。

結果、気になるほど人は通らないことを確認し、「レースのカーテンを引いておけば大丈夫だろう」という結論に落ち着いたのです。

その後トントン拍子で話は進み、Aさんは無事にこの物件を購入し、念願のマイホームを手にすることができました。

しかし、引っ越しが完了し、いざ新居での生活をスタートさせると、Aさん一家は「こんなはずじゃなかった」という大きな後悔を味わうことになります。

例の窓外の通行人の数が想定以上に多いのです。とくに平日の通勤通学時間は、駅へ向かう人が列をなすほどでした。

これにはさすがに、日中家で家事をしている奥さまが参ってしまい、中が見えないようカーテンを引くことになりました。

するとどうでしょうか。これまで日当たり良好で清々しかった室内が、途端にどんよりとした閉塞感に満たされるようになってしまいました。1日中カーテンを閉めて陽光を遮断してしまったのですから、当然のことでしょう。

この状況がAさん一家に大きなストレスを与えてしまいました。

「カーテンを開けた生活がしたい」

ついに我慢ならず、Aさんはこの物件を売却し、引っ越すことを決意しました。

売却額は購入時よりもかなり安い額となり、理想の生活を送ることがかなわないだけでなく、差額分を丸々損をしたことになってしまったのです。

■家探しで成功したBさん

Bさんの事例もAさん一家と同様、窓外からの視線がポイントとなっています。

Bさんが出会った物件はマンションの3階でしたが、窓のすぐ目の前が歩道橋で、通る人とちょうど目が合ってしまうような位置関係にあったのです。

しかし**このマイナスポイントのため物件は格安**でした。コストをなるべく抑えたかったBさん一家としては、どうしてもここに決めたい気持ちが強くありました。

とにかく懸念は歩道橋からの視線。ここを選んだことを後悔しないよう、納得がいってから決めたいと思いました。

そこで平日と休日の両方、朝と夕方と夜に歩道橋に立ち、部屋の中がどのように見えるかを確認し、さらに通行量も調べてみることにしたのです。

歩道橋から部屋の中は丸見えですが、視界に入るのはリビングのみ。Bさんはこの事実をポジティブにとらえ、「いつもリビングをきれいに保てるよう意識できるのではないか」という発想を持ちました。また通行人の数については、朝と夕方に通勤通学の人たちが頻繁に通りますが、休日は10分の1以下でした。Bさん夫婦は共働きのため平日は不在の場合が多かったので、通行量についても気にならないだろうという結論に落ち着きました。

「せっかくリビングをきれいに保つよう心がけるのだから、多少見られるくらい構わないじゃないか」

という気持ちで、このマンションの購入を決意しました。

事前に念入りに視察した通り、休日はさほど人通りはなく、リビングが丸見えなのも最初は少し違和感を抱いたものの、だんだんと気にならなくなりました。

購入から5年以上が経過した今も、Bさん一家は後悔のない生活が送れています。

■物件以上に大切な出会い

家探しで失敗したAさんと、家探しで成功したBさん。両者の違いはどこにあったのでしょうか。

Aさんには2つの失敗がありました。

1つめは、一般的に仕事が休みである日曜日にだけ見学をしたことです。平日に一度でも視察していれば、ラッシュ時の実際の通行量を知ることができ、購入を保留にすることができたでしょう。そのことを想定して提言できるサポーターが不在だったことも痛手となりました。

もう1つは、Aさん一家はご自身たちが思っていた以上に、生活をのぞかれることにストレスを感じる性格であったということです。このことは、実際に生活を始めてみないとはっきりとは分からないことかもしれませんが、事前にもう少し生活イメージを膨らませていれば、このような失敗をすることはなかったかもしれません。

一方のBさんが成功した理由は、気になった部分をきちんと吟味し、多角的に検討を重ねたことです。

マイナス面をカバーできるプラスの要素を見いだし、生活開始後のイメージを想定することで、後悔のない家探しをすることができました。

また、Bさん一家はAさん一家に比べて、人の視線に対してそこまで神経質にならない性格だったのも少なからず影響しているでしょう。

窓外からの視線が気になる物件は、住む人を選ぶ物件といえます。視線を気にする人には決してお勧めできません。

いくら安いからとはいえ、ストレスを溜め込む生活を我慢してまで購入を決意するのは、幸せの少ない人生を自ら歩んでいるのも同然なのです。

しかし、物件を探すに当たって、Bさんのように窓からの視線について念入りに視察してから決めようという人は多くありません。そういう発想になかなか至らないのです。

厳しい言い方をすれば、Aさんは「自己分析が足らなかった」から失敗したのです。しかし、家を選ぶに当たってわざわざ自己分析から始める人などほんの一部でしょう。

購入を検討している方の大半は、何に気を付けてどのように進めていけばいいのかを知りません。それは当然のことです。

それでは、どうすればAさんは家探しを失敗せずに済んだのでしょうか。

正解はただ1つ。お客さまのことを十分に理解し最適な物件を見つけ出してくれる、不動産のプロに出会えればよかったのです。Aさんは理想的な不動産業者と出会えなかったがために、このような失敗を経験してしまったといっていいでしょう。

パソコンで困ったらパソコンに詳しい人に尋ねる。病気にかかったら専門医に診てもらう。それと同じように、住まいも信頼できるその道のプロとともに物件を探すことが、本当に大切なことです。

家探しがうまくいったBさんは、当初はじっくり視察をする発想なんてありませんでした。担当者の「気になるようでしたら、購入はまだ決めず、粘って調べてみましょう」というアドバイスに納得し、何度も足を運んで「自分たちが住むのに適した物件か」を吟味する時間を作ることができました。その結果、家探しを成功させることができたというわけです。

Aさんの担当者は、残念ながらそこまで親身にはなってくれない、目先の契約のことばかり考える不動産業者であったと言わざるを得ないでしょう。

このように、**物件よりも先に大切となってくるのは、よきパートナーとの出会い**です。不動産業者選びは慎重に行いましょう。

この点については、第3章でより詳しく掘り下げますので、参考にしてください。

5 全員を「味方」にする

■まずは登場人物の確認

ここではまず、家を買う上で関わる人たちを確認していきます。

●買主《かいぬし》

家を購入する人のことです。本書では買主目線で、失敗しない家探しと購入についてあらゆる角度から迫っていきます。

購入前なら購入検討者、購入後は購入者、またローンを組む際は申込者と、段階に応じて呼び名を変えていますが、指している人物は全員同じ、買主のことです。

●売主《うりぬし》

物件を売る側の人のことです。土地だけなら土地の持ち主、中古物件であれば現在所有している人、すでに建てられた戸建てやマンションの新築物件であれば建設会社などが該当します。

●不動産仲介業者

不動産の売買に関して売主と買主の間に入る業者のことです。主な役割は、買主もしくは売主を探すこと、交渉を行うこと、住宅ローンの確認、契約書類の作成や契約、引き渡しの段取り決めなど、不動産のプロとしてのトータルサポートです。

●金融機関担当者

家という高額な買い物をするからには、金融機関で住宅ローンを組んでお金を借りる人が大部分を占めます。最適な返済プランを提案したり、融資実行まで対応するのが金融機関担当者です。

●工務店担当者

家を建てたりリフォームを実施したりするときには、工務店とも連携を取り合うことになります。工務店ではまず、営業担当者が仕事を受注します。続いて、設計者が設計図面を描き、建設確認の申請業務を担当します。現場で建設に関わるのは施工者です。設計から施工まですべて1つの会社に任せることもあれば、別々の会社に依頼することもあります。

●ご近所さん

物件を購入し住み始めた直後から、おそらく長い付き合いをしていくであろう人たちです。引っ越し前や建設工事またはリフォームの前後で、挨拶はしておきましょう。その時、家族構成やどこから来たのかなど、簡単な情報を開示しておくと、ご近所さんも柔らかい気持ちになってくれるかもしれません。よく、人は第一印象が大事といわれます。義務ではありませんが、これから円滑で良い関係を構築していくためにも、丁寧な対応を心がけましょう。

■敵意は無用

家探しで失敗しないためには、関わるすべての人たちと仲良くするのが一番です。

ときに、業者に対してまるで敵対関係にあるかのように接する買主の方がいます。

「業者は私たちから1円でも多くお金を取ろうとしている」

「少しでも隙を見せたらこちらが損をする」

そんな敵意を持ち、噛みつかんばかりの警戒心を持って、不動産仲介業者や施工業者などに相対するのです。

しかし、これは**非常に逆効果**です。

売る側の立場になって考えてみてください。横柄な態度を取り続けたり、すぐ揚げ足を取ろうとしてきたり、しつこく価格交渉をしてくる人に対して、果たして良い商品やサービスを届けたいという気持ちになれるでしょうか。

各業者もやりがいを求めて日々の業務に専念しています。**敵対してピリピリしたムードを作るよりは、「この人のために頑張っていい家を探したい」「この人のためにいい家を作りたい」と思わせる方が、より理想の生活を手にすることができる**でしょうし、より素晴らしい未来へ通ずるはずです。

ですから、「私たちはチームメートなんだ」という意識を持って、和やかなムードを維持できるよう接していくことをお勧めします。

ご近所さんについても、慎重に丁寧に対応することを心がけてください。また家を選ぶ際には、隣にどんな人が住んでいるかは事前に把握しておきましょう。

そしていざ引っ越す際には、「これから末永く良いお付き合いを」という気持ちを込めて、最初の挨拶に臨むようにしましょう。

家探しがうまくいっても、ご近所付き合いで思わぬ悩みを抱えてしまい、ストレスを感じる生活を送ることになってしまっては、元も子もありません。

6 結局、家っていくらかかるの？

■発生する5種類の支払い

家を買うには果たして総額いくらかかるのか。不動産の専門家は把握していても、一般の方はほとんど知りません。

物件情報を掲載する広告には「3LDK3500万円」といった金額が大々的におどっていますが、きっちり3500万円支払えば無事に家が自分のものになる、というわけではありません。

それでは実際に、家を買うに当たってどういった支払いが発生するものなのでしょうか。

大きく次の5種類に分けられます。

①本体価格
②諸費用

③税金
④その他の費用
⑤リフォーム・リノベーション費用

それぞれの支払いについて詳しく説明しましょう。

①本体価格

本体価格とは、ほとんどの場合が土地と建物の価格であり、すなわち広告や資料に記載されている価格になります。本体価格は広さ、新しさや立地など、さまざまな要素を考慮した上で設定されているので、物件ごとに全く異なります。

建物の目安としては、約30坪の3LDK新築戸建てであれば、おおよそ1300万円から1800万円ほどになると思われます。

土地の価格は場所によってかなり差がありますが、おおむね地域ごとに相場は決まっています。「**地名**」+「**坪単価**」**というキーワードでインターネット検索**すれば、検討している地域のだいたいの相場を知ることができます。「**坪単価**」×「**実際の坪数**」にて目安が分かり、接道状況や陽当たりなどの環境で多少の増減が発生します（1坪＝約3・3㎡、1㎡＝約0・3坪）。

②諸費用

諸費用とは、不動産購入に伴う各支出です。

代表的なものは手数料になります。たとえば、不動産業者への仲介手数料、金融機関への事務手数料、各取引先口座への振込手数料などが該当します。

他に、火災保険や団体信用生命保険の保険料、ローンを組む際には保証料や事務手数料、印紙代がかかります。戸建ての場合は測量費や水道名義料なども発生します。

③税金

税金も、家を買ったら必ず発生する費用です。税金には購入の際に一時的に支払うものと、所有期間中は毎年永続的に支払うものが存在します。

まず、不動産取得に伴い一時的に発生するのが不動産取得税です。固定資産税評価額の3％などを支払うことになりますが、要件を満たせば一定額が控除され、ゼロになることもあります。ちなみに固定資産税評価額とは、不動産の相場とは異なり、相場価格の8割程度です。

また、購入によって物件が自分の所有になることを、不動産を管理している法務局へ申請します。これを登記といい、登録免許税が発生します。なお登記手続きを司法書士に依頼した場合は、その報酬も必要です。

永続的に支払う税金としては固定資産税と都市計画税があります。税率は地域によって異なりますが、固定資産税は最大で評価額の1・4％、都市計画税は0・3％と定められています（税率は令和元年12月時点）。

税金にはもう1つ、印紙税があります。不動産売買契約、金銭消費貸借契約、請負契約など、各契約の際に契約書に印紙を貼付します。契約する金額に応じて印紙代は異なります。印紙は郵便局や金券ショップなどで購入が可能です。

これらの費用は、本体価格に比例して上がる傾向にあります。概算として、本体価格の8％程度、多くても10％ほどとなるでしょう。本体価格3000万円の物件を購入したなら、240万円から300万円ほどさらにかかるということです。

④その他の費用

これは、引っ越しに伴う費用や設備にかかる費用などが該当します。

費目は細かく挙げるときりがないので、代表的なものを紹介しておきましょう。

●管理費と修繕積立金

マンションは管理費と修繕積立金を月々支払うことになります。築年数や規模によりますが、月3万円未満が平均といわれています。築年数が古いほど値上げされていく傾向があります。

戸建ての場合は、将来の修繕のために自身の責任で積み立てておく必要があります。状況によりますが、少なくとも年間で15万円ほど積み立てておけば安心です。

●引っ越し代

距離や荷物量、時期により違いますが、最低でも10万円前後はかかるでしょう。

●家具家電費用

引っ越しに当たって新調する家具や家電の費用です。新築戸建ての場合は次の家具や家電などに注意が必要です。必ず確認し準備しておきましょう。

・カーテンレール　・カーテン　・テレビアンテナ　・網戸　・照明器具

・洗濯機の下に敷く防水パン　・エアコン　・ポスト　・水道代

新築戸建ての場合は、引き込み工事や水道メーター設置などによる費用がかかり、その金額はおおよそ15万円となります。

●駐車場料金

車を持っていて駐車場を借りる場合、永続的に支払いが必要です。料金は地域によって差があります。

⑤リフォーム・リノベーション費用

リフォーム・リノベーション費用については、修繕や改修の規模によってまちまちです。詳しくは第5章で説明しますが、費用は「材料・工賃・利益」によって構成されています。「材料」は使用素材のグレードや仕入れ方法によって差が出てきます。「工賃」は作業者の人件費によって上下します。「利益」は会社の利益分で、費用全体のおおよそ20～40%前後が目安となっています（表1－1）。

表1－1　家を購入するに当たって必要になる費用

1	本体価格（土地、建物）	
2	諸費用（仲介手数料、事務手数料、振込手数料、保険料、ローンの保証料など）	本体価格の8〜10％が目安
3	税金（不動産取得税、登録免許税、固定資産税、都市計画税、印紙税）	
4	その他の費用（管理費、修繕積立金、引っ越し代、駐車場料金）	
5	リフォーム・リノベーション費用	

■FPへの相談もお勧め

以上が、家を買うために必要な主たる支払いです。これらを参考に自身で電卓を叩けば、おおよその金額が計算できることでしょう。

最後にもう1つ、最も重要な支払いがあります。

それは利息です。

多くの方が金融機関からお金を借りることになるので、毎月利息分を上乗せした額を、長い年月をかけて返していくことになります。利息はすぐに大きな額が必要というわけではありませんが、総額でいくら支払うのかをあらかじめ必ず計算しておくようにしましょう。

家を買うことにひも付いてどのような買い物が発生するのか、その全体像を把握していると、ローンの借入額や月の返済額に余裕を持たせることができます。

実のところ、**金融機関の審査によって提示される借入上限額は**、これら5つの支払いを十分に考慮していないケースもあります。

私たちの生活スタイルは千差万別です。車を持つ人とそうでない人、家具にお金をかける人とそうでない人、リフォームをする人とそうでない人、教育にお金をかける人、趣味にお金をかける人など、ケースバイケースによって、家を買うのに必要な費用は大きく変動します。

これらをすべて考慮して、金融機関の借入上限額が決まるわけではありません。ですから、最終的な借入額や返済額は、返済比率（143ページ）を目安に、自分自身で決めるようにしましょう。

私がサポートに付く場合、お客さまにファイナンシャルプランナー（FP）への相談を推奨しています。FPは人生全体の将来設計を前提として、保険など現時点での月々の支出を見直しながら、無理のない購入計画を立ててくれる非常に頼もしい存在です。

不動産業者から提携しているFPを紹介されることもありますが、業者と結託し購入を促すように働きかけてくる可能性があるので、あまりお勧めできません。依頼する不動産業者とつながりのないＦＰに相談することを強く推奨します。

第1章まとめ

☑ 家は「あくまでも幸せな未来を過ごすためのアイテム」として探していく。

☑ 総額＝本体価格＋本体価格に約８％の諸費用　がかかる。

☑ 無知のままでの購入は避ける。

第2章

失敗しない家探し

1 新築or中古　どちらがいいのか

家探しでまず大切なことは、自分が何を重視するのか、しっかり把握しておくことです。**A物件とB物件があって、「すべてにおいてA物件の方が勝っている」ということはまずあり得ません。**

「A物件は、敷地は広いが駅から遠い」

「B物件は、敷地は狭いが駅から近い」

このように**物件というものは、プラスな点もあればマイナスな点もあり、それぞれに対してどのような評価を下すかは、各購入者の価値観によって大きく変わります。**

つまり物件の評価は、あなたと物件との相性度、というわけです。

「電車はほとんど使わないから、駅から遠くても構わない」のであればA物件に絞れますし、「敷地の狭さには目をつむるから、とにかく交通の利便性を重視したい」というのであれば、B物件に軍配が上がるでしょう。

失敗しない家探しに必要なのは、これらチェックポイント1つ1つをよく吟味して、トータルで考え、より自分にマッチした最適物件を見つけることです。

家探しの1つ目のチェックポイントとなるのが、「新築」「中古」です。それぞれのメリットとデメリットを見ていきましょう。

■新築のメリット

新築物件の最大の魅力といえば、新品未使用の状態で住めることです。しかも最新設備が設置されていることも多く、最先端の快適性と高機能を有した住まいを手にすることができます。注文住宅なら、ある程度自分の好きなように間取りをデザインできます。

すでに建築されたものを販売している新築マンションや建売住宅であれば、類似の物件が多いので、妥協することなく自分の望みに近い住宅を見つけやすいです。

新築募集の情報をいち早くキャッチできれば、角地や角部屋など理想の立地を手に入れやすいのも新築ならではの魅力です。中古でも不可能ではありませんが、人気の立地は供給に対して需要が多く、競争率がどうしても高くなってしまいます。

コスト面では、新築は**残存耐用年数が長く**、しばらくは修繕の必要がないので、維持費が低く抑えられます。加えて**税金の優遇要件に該当することが多い**ので、建てるときだけでなく住んでからの出費は中古に比べてローコストといえるでしょう。
また、**設備や瑕疵《かし》に対する保証が手厚い**ので、もし仮に選んだ物件が欠陥住宅だったとしても、泣き寝入りをせず納得のいく対応を受けることができるでしょう。

■新築のデメリット

一方で、新築のマンションや建売物件は、建物が完成する前に契約が決まってしまうケースがあり、見学の連絡を入れてみたらすでに成約済みだった、ということも多々あります。人気エリアの場合はさらに早い者勝ちの傾向が強く、定期的に時間を割いて情報収集に労力を費やすことになります。また、**新築物件は販売時の広告宣伝に多大な力を入れるため、土地と建物の実費に加えて、販売促進費が上乗せされて**いることもあります。そのため、割高に感じる物件もあります。

細かい部分では、**テレビ配線やカーテンレール、網戸などが初期設備として設置されていない**こともあります。そのため、**引っ越しの準備段階で各種設備の設置に費用がかかる点を考慮**しないといけません。

その他にかかる費用の目安として、新築戸建ては水道加盟金15万円（税別）、マンションであれば修繕積立基金としておおよそ20～30万円などが存在します。

さらに新築のデメリットとして触れておきたいのが、ご近所付き合いです。広い土地をいくつかの区画に分けて販売する建売や新築マンションの場合、隣人もそろって同時入居となります。そのため**事前に隣人のことを知ることができません**。

住んだ後に後悔することの1つにご近所付き合いがあります。

「こんな隣人が住んでいると事前に知っていれば、ここを選ぶことはなかった」

そんな後悔とともに泣く泣く物件を手放すケースもあります。住みやすさは、立地や開発度合いだけでなく、周辺に住む人々の気風にも大きく左右されるものです。

新築の場合、事前に隣人の情報を仕入れられないのはデメリットといっていいでしょう。隣人とうまく付き合っていけるかどうかは、住み始めてみないと分からないのです。新築ではこのリスクを意識しておく必要があります。

■中古のメリット

完成済の新築もそうですが、中古物件のメリットは実物を見学できる点です。

新築未完成の場合も、マンションではモデルルームでの見学は可能ですが、実際に住む場所と全く同じ立地やフロアではないため、日当たりや眺望、室内の雰囲気までが完全に再現できているわけではありません。建売戸建ての場合は現物見学が可能です。

中古は売主の許可を得て見学することがかなえば（多くの場合、見学は可能です）、実際に住む場所へ足を踏み入れて、自分がそこに住むときの光景を想像しながら購入を検討できます。

また、新築は販売促進費が上乗せされていたのに対し、中古は土地と建物のほぼ実費のみで価格設定されていることが多く、新築と比較して割安となっています。さらに、新築のデメリットで挙げた設備関連の費用や水道加盟金、修繕積立基金などを必要としません。

中古物件では、**事前に隣人などの周辺情報を可能な限り調べることができる**ことも利点となっています。住んでから初めて発覚する、周辺環境の「こんなはずじゃなかった」に出くわす失敗の可能性を下調べによって引き下げることができるのです。

残置物を引き継げる点もメリットの1つです。エアコンやカーテン、照明器具、ベランダに敷かれたタイル、室内に設置された時計、タンスまで、必要であれば買主が残した物を引き続き利用することができます。

これはもちろん「残していってもいい」という売主の意向と、「残してほしい」という買主の**希望が合致して初めて成立**します。見学から契約までの段階の中で、両者間で話し合う必要があります。

ちなみにこれら家電や家具類は、売主側の費用負担にて撤去するのが一般的です。したがって「エアコンと照明器具は残して、あとは撤去してください」という要望を買主が出すことも可能です。

なお、**これら残置物の不具合や故障に関しては、売主による保障や売主への責任追及はできませんので残置物の状態には気を付けましょう。**

■中古のデメリット

中古物件は、すでにほぼ埋まっているマンションや区画の空き物件なので、希少性の高いものになります。「レアモノ」という意味では価値が高いと感じられますが、反面、類似物件が少ないことも意味しています。

理想的な中古物件に出会えたとしても、他の人で売却が決まってしまった場合は、またスタートラインに戻って、理想に近い物件を探し当てる作業をしなくてはなりません。いい物件に巡り会えたら、他の人の手に渡ってしまう前に契約を決めるスピーディな決断力が、とくに人気のエリアなら必要となるでしょう。

中古物件はその名の通り「使い古された建物」ですから、経過年数が長い物件ほど修繕が必要なものが多く、住んだ直後からそれなりの出費を覚悟しておくべきです。相当年季の入っている物件であれば、ほぼ全面リニューアルの必要性も出てくるでしょう。その場合は耐用年数も十分に考慮する必要があります。

また、いったん更地にして再建築を行う際は、建築基準法によって既存の建物と同じ大きさの家が建てられない場合があり、よく確認しておく必要があります。

■総合的な判断が大事

このように、**新築と中古のメリットやデメリットは、いわば表裏一体**となっています。

新築と中古の違いというとまず浮かぶのが「新築は高くて、中古は安い」というイメージです。そのため、家を購入する多くの方が予算を基準として、まずはコスト面から新築にするか中古にするかを決めがちです。

しかし、家を購入した後も含めた中長期目線で見ると、そのイメージも違ったものになってきます。

比較的安い中古は長く住めなかったり、早々に修繕が必要になったりすることもあります。対して新築は初期費用こそかかりますが、その後のメンテナンスでさほど出費はなく、長く雨風をしのげる安住の地となってくれる期待が高いのです。

ですから価格だけにとらわれるべきではない、というのがまず大事なポイントとなります。「資金に乏しいから中古だけを探そう」といった家探しのスタートは、あまり歓迎できません。

理想的な家探しは、冒頭にも書いた通りトータルでの判断です。価格以外にも、さまざまな要素を考慮しつつ、総合的に決めていく必要があります。

これまで述べてきたメリットとデメリットを十分に吟味し、自身の理想とするマイホームは新築と中古どちらがより適しているのか判断してください。

2 マンションor戸建て　どちらがいいのか

■住んで初めて知ることも多い

家探しにおいて、新築と中古の選別と並んで悩ましいのが「マンションか、戸建てか」でしょう。

マンションにしろ戸建てにしろ、住んでから「初めて知った」という出来事に遭遇することがあります。

実家が戸建てだった方はマンション住まいの特性を知りませんし、逆もまた然りです。住んでから感じる不便さや苦労というものは、事前にすべて把握できることではありませんし、どの点をどう感じるかというのは、やはり各々の考え方や価値観による部分が大きいのです。不動産業者から話を聞いたり、自分で調べたりして可能な限り事前に情報収集に努めましょう。

■マンションのメリット

マンションは戸建てと比較すると割安です。これが一番大きなメリットといえます。1つの土地に多くの戸数を確保しているのがマンションですから、その分一戸当たりの価格を安く抑えられているのです。

さらにいえば、構造上暖房効率がよいため光熱費が戸建てより安く済む傾向があります。また、インターネット回線がマンションタイプのため、戸建てタイプよりも通信コストが低くなります。

交通の便の良さも際立っています。駅から離れている物件でも、バス停がすぐ近くにあったり、駅への直行バスが通っていたりすることもあります。

安全面もマンションは優れている点が多いです。鉄筋コンクリートなどで建造されているため構造が頑丈で、地震や台風が起きても安心です。スプリンクラーや火災報知器など防火管理体制も充実しています。

同様に、防犯カメラ、オートロック機能、警備システムなどの防犯対策も整っている場合が多いです。加えてマンションは住人が多いですから、住人たちの目が防犯に一役買ってくれます。

共有設備もマンションの魅力です。24時間利用可能なゴミ捨て場があるのは最近のマンションの特長で、他に宅配ボックスやエントランス、キッズルームや自動販売機が設置されているところもあります。

清掃スタッフや管理スタッフが駐在しているマンションであれば、共有部分は常に清潔で、外観に優れ、いつも気持ちよく設備を利用できます。

マンションには、他にも生活をより快適にしてくれるオプションが付加されているところもあります。これらにどれほどの魅力を感じるかで、マンションを選びたくなる気持ちも大きく変わってくることでしょう。

たとえば保育園や幼稚園と連携しているマンションが近年多くなっています。マンションに併設されているところもありますし、**送迎バスの停留**が行われているところも増えています。

お子さんにとっては同じマンションに住んでいる**同級生たちと付き合いやすく、一緒に登下校したり**、自然と友だちが増える環境に身を置くことができます。

また段差の少なさもマンションの良さです。エントランスからエレベーター、そして自室。この流れの中で段差がないよう意識して作られています。足腰の弱い方でも安心して普通の生活を送ることができます。年齢を重ねるにつれ、このありがたみをより一層感じるのではないでしょうか。

このように住み始めてからの、生活の快適さ・過ごしやすさを考えていくと、住みやすさを追究した集合住宅の利点に気付くことができます。

■マンションのデメリット

良いところばかり挙げてきましたが、もちろんマンションもすべてにおいて優れているわけではありません。デメリットと感じる部分もあります。

まずは管理費や修繕積立金の支払い義務です。どちらも快適な生活を送るために欠かせない支出です。共有設備が充実しているほど、管理費はかかります。修繕積立金は十数年ごとに行われる大規模な修繕のために、入居者が少しずつ出し合って貯めておく資金で、将来のために必要な月々の支払いです。

管理費と修繕積立金、合わせて月3万円未満が妥当といわれていますが、築年数を重ねるほど値上げされていくといった規定が設けられている場合もあります。この点はしっかり契約内容を確認し、後から知って慌てないためにも、建物が築年数を重ねてからの出費

第2章

も必ず把握しておきましょう。

また、車を所有していて駐車場を利用する場合、たいてい**駐車場代**（住宅ローンとは別物で、**永続的に発生**）**を要します**。

マンションでは上下左右の隣人に対する気配りが必要なのも、デメリットの1つです。騒音などで周りの住人とトラブルにならないよう、深夜や早朝に物音を立てないよう注意したり、日中もテレビの音量や話し声に配慮する必要があります。マンションでは、戸建てよりも気を遣わなければなりません。

他には、密閉性のよさ故に、通気性が乏しくカビが発生しやすい部屋があるかもしれません。窓枠や壁紙などをしっかりチェックしましょう。

さらに、これは必ずしもデメリットとはいえませんが、マンションで開催されるイベントや**管理組合の会合への参加義務、役員の持ち回り**なども、マンションに住んでいると発生します。

こういったイベントや役回りが得意な人であれば気にならないのですが、苦手な人だと苦痛に感じ、生活していく上で負担になってしまうでしょう。この点は購入前に家族できちんと確認し、話し合っておくことを推奨します。

■戸建てのメリット

戸建ての大きなメリットでありマンションとの最大の違いは、敷地全体を所有できることです（ただし借地権付き物件の場合、土地は自分の所有にはできません）。

土地の価値は永続的です。建物と違い、時間が経つほど価値が下がっていくというものではありません。その優れた資産性は、とくに土地の狭い日本では、他のどの投資先よりも勝っているといえます。

将来もし売却する日が来たとしても、需要の高い地域の土地の価値が大きく目減りしていることは、日本の経済下においてはほぼあり得ません。土地周辺の開発度合いによっては、買った当時よりも高い評価が付くこともあります。

過度な期待は禁物ですが、将来の価値も見据えながら検討することで、多少の高額物件であっても、踏ん切りを付けて買うことができるでしょう。

さらに戸建てのメリットは、外壁や内装の自由度が若干高い点です。購入した後はすべて自分のものですから、自分好みにアレンジを効かすことができます。建築やリフォームを発注する際、業者と綿密な打ち合わせを経て、自分の理想を十分に満たしたこだわりの住宅を得ることができます。

マンションの場合は、共有部分があるため自由にできる部分は戸建てに比べて限られています。

戸建てはマンションと違い、防音への配慮がさほど必要とされないのも魅力です。戸建てであれば、マンションのように**上下階の住人への配慮は不要**ですし、家と家が離れているのであれば、隣近所への防音対策もそれほど徹底しなくて済みます。

騒音関連で神経をすり減らす必要がない点は、戸建て住まいの方にとって大きなメリットと感じるようです。ただし、戸建てが密集している場合、お互いに生活音が聞こえてしまうこともあります。平日と休日、日中と夜間でも事情は異なるので、確認をしておいた方がよいでしょう。

車を所有している場合、**敷地内に駐車スペースがあるのなら駐車場代はかかりません。**月々の費用がかからない点にメリットを感じて戸建てに決める方も多いです。

■戸建てのデメリット

戸建てはマンションと比べてセキュリティが甘くなりがちです。空き巣の被害に遭う家の大半が戸建てという点からも、防犯設備が整えられていないことがうかがえます。マンションであれば管理会社にさまざまな防犯対策を一任できますが、戸建てでは自身で行っていく必要があります。

その他、庭や敷地境目周辺の**定期的な手入れも必要**となることを忘れてはいけません。これらの出費が数カ月～数年置きにかかることは踏まえておくべきでしょう。

建物の断熱性にも注意しましょう。断熱性の低い物件は真夏の日中は室内が酷暑となり、冷房をフル稼働させた結果、夏の電気代が膨れ上がることになります。吹き抜けやリビング階段などの開放的な間取りもエアコンの効率が下がり、電気代に影響します。これは中古戸建て物件を選ぶ際はとくに気を付けたい点で、素材は十分チェックしましょう。できれば暑い時期や時間帯に見学してみることも推奨します。なお、**ロールカーテンを設置するなど**、エアコンの効率を上げる工夫もあります。

コスト面ではさらに、**インターネット回線が一戸建てタイプになるため、通信費用はマンションタイプと比べて割高**となります。

アクセスの利便性もマンションよりは劣る傾向があります。駅やバス停から遠い場合も多く、何かと不便を感じがちです。候補を絞っていく際は、実際に駅やバス停までの道のりを歩いてみて、自分の生活スタイルときちんと合致するか、そして価格に見合った生活の利便性を確保できているかを吟味しましょう。

■生活スタイルとのマッチ度を基準に選ぼう

マンションにするか戸建てにするか決めるポイントは、「新築or中古」と同様に購入後の生活イメージを持つことです。

子どもがいるのであれば、保育園や学校までの通学路（距離や歩道の状況、ガードレールなど安全面が確保されているか、街灯やお店の数、人通りなど）に気を遣うべきですし、車を持つなら駐車場代を月々の出費として勘定しておきましょう。

ご近所付き合いの濃淡は人それぞれですから、自身がどのように関係構築をしていきたいかで、戸建てかマンションかの選択肢も自然と絞られていくはずです。

防犯対策や庭の手入れなど日々のメンテナンスを自身の手で行っていくのであれば、戸建てを視野に入れましょう。管理会社に一任したいのであれば、マンションの方が快適な暮らしを保証してくれることでしょう。

とにかく、自分の生活や価値観とどれだけマッチするかが鍵となります。単なるコストや立地だけでなく、生活スタイルも考慮してから、物件を選んでいくようにしましょう。

3 物件情報の正しい読み取り方

■正解までの最短距離を行くために

たとえば、インターネットの不動産ポータルサイトを使って、数ある物件の中から自分の好みに合ったものを絞っていくとき、予算や立地、広さや駐車場の有無など、自身の希望に応じてさまざまな項目にチェックを入れていくことでしょう。

しかし、それでもなお対象の物件は数十、ときには百を超えることもあります。それら一件一件をじっくり見学していくことは物理的に不可能ですし、吟味している間に他の誰かに買われてしまったら元も子もありません。

また、自分がチェックした項目によって、本来であれば自分の理想に合っていた物件を対象から外してしまい、出会うことがかなわないことも考えられます。

たとえば、駐車場のあるマンションだけを探していたところ、駐車場はないけれど他のあらゆる項目が自分の理想を満たしている物件を、対象から弾いている可能性があるのです。駐車場はもしかしたらマンションのすぐ隣に、使い勝手のいいものがあるかもしれないのにもかかわらず、です。

こういった手違いが起こらないようにするためにも、理想の条件を十分に満たした物件を、効率よく絞っていくことが大切です。最良の物件、つまりあなたにとっての「正解」に出会うまでの最短距離を歩むためにも、情報は正しく把握し、対処していくべきです。

情報を読み違えていたせいで、自分の求めているものとは正反対の建物の見学に行ってしまう。そんな時間の無駄を作らないためにも、これから説明することを理解していってください。

■記号や用語の正しい理解を

販売会社や仲介会社に請求した資料や、インターネットに掲載されている物件情報には、不動産関連の専門的な記号や用語が登場します。これらの正しい意味を理解していただくとともに、家探しの上でのポイントを説明します。

●間取り

間取りは住まいを決める重要項目の1つです。物件情報の3LDKや4DKといった表記について、基本的な意味を確認しておきましょう。

「3」や「4」といった**数字は居室の数を表し、後に続く英字はキッチンの種類を指しています**。サイズ感としては一般的に、「K」はキッチンスペースだけなので4畳程度まで、「DK」はダイニング（食事室）とキッチンを兼ねるので4～8畳、「LDK」はさらにリビングも加わるため8畳以上になります。

つまり「3LDK」は「3居室に加え、8畳以上のリビング付きダイニングキッチン」がある家、4DKは「4居室に加え、4～8畳程度のダイニングキッチン」がある家、ということになります。

LDKの内装の標準としては、ダイニングテーブルと4～6人程度のイス、ソファーとローテーブル、テレビといったところでしょう。

3LDKというと家族3～4人が生活するちょうどいいサイズの家というイメージがあります。しかし3つの居室のうち、1つが狭かったり、書斎向きで寝起きするには適さなかったりする物件にもしばしば出くわします。

物件を探す際には、3LDK以外の間取りも考慮しつつ、広く網を張っていくことが大切です。たとえば4DKにもチェックを入れておくことで、より理想的な物件に出会える可能性が高まるのです。4DKはキッチンこそスペースは狭い印象かもしれませんが、部屋数が多く、3LDKより全体的にゆとりがある場合も考えられますし、リフォームして3LDKにもできます。

間取りの表記には他に「S」を見かけることもあります。Sとは物を収納する納戸の意味を指すことが多いですが、**部屋として使えるSも存在**します。

これは、建築基準法の中にある、居室としての規定を少しだけ満たすことができなかったため、表記上はSとしているケースです。

よって、2SLDK(=2居室と納戸スペース、そして8畳以上のリビング付きダイニングキッチン)と間取りが表記されていても、実際に見てみると3LDKに感じる物件も多数存在します。

3LDKでお探しの方は、ぜひ検索時に2SLDKにもチェックを入れてみてください。

適切な部屋数は、家族構成や家族の住まいに対する価値観によって大きく変わってきます。

子ども部屋は、子どもが2人以上いる場合、小さいうちは1部屋でも構わなくても、成長するにつれて狭くなってきますから、子どもたちが別々の部屋を望むようになる可能性が考えられます。きょうだいの性別によっても事情は変わってきます。

寝室については、夫婦同室でよければ1部屋で済みますが、別々にしたい場合は当然2部屋必要となってきます。自宅で仕事や勉強をしたいなら書斎のような部屋を望む場合もあることでしょう。

適切な部屋数は、新居での生活をスタートさせてからの未来設計を入念に行ってから決めていきましょう。

●徒歩○分

「駅から徒歩10分」といった表記は、**分速80m、つまり1分間に80mの速度**で歩いた場合の所要時間です。したがって徒歩10分であれば、駅まで720〜800m程度を意味しています。

ちなみにこの距離は、物件から駅までの直線距離ではなく、道路に沿って測った距離になります。

ここで気を付けたいのは、所要時間は信号や踏み切りなどの待ち時間や、坂道によるペースダウンが考慮されていないという点です。極端な話、駅を出てすぐのところに「開かずの踏切」があったら、平均所要時間が2倍にも3倍にもなってしまうことも考えられるのです。

駅から遠い物件ほど、赤信号や歩道橋に出くわす回数が増えるので、所要時間に誤差が生じやすくなります。「徒歩○分」の表記はあくまで参考程度とし、実際に物件を見学に行った際に自身で測ってみることを推奨します。

●所有権と借地権

土地の権利に関する表記です。所有権付き物件であれば、購入したら所有者の物となります。ただしマンションの場合、土地は購入者たちの共有物扱いとなり、当然のことですがマンションの建て直しや土地全体の売却を独断で行うことはできません。

借地権の場合、土地の持ち主は第三者であり、その第三者から土地を借りて、建物に住むことになります。よって自分の物となるのは建物だけになり、見かけ上、借地権付きの戸建てやマンションの販売価格は相場よりも安くなっています。

ただし土地は借り物ですから、**毎月賃料の支払いが発生**します。また、住宅ローンの選択肢も減少する傾向があります。この点はきちんと踏まえておきましょう。

●構造

建築の構造材として主に使われているのは、鉄骨鉄筋コンクリート（SRC）造、鉄筋コンクリート（RC）造、重量鉄骨（S）造、軽量鉄骨（ALC）造、木造の5種類です。

あくまで一般的な話なので一概にはいえないことですが、**防音性能、防火性能、断熱性能は**、いずれも鉄骨鉄筋コンクリート造が優れ、鉄筋コンクリート造、重量鉄骨造、軽量鉄骨造、木造と続きます。

ただし**価格の高さも**この順番になります。コストを重視するか、あるいは防音性能を重視するか、それともちょうど中間にするかなど、どこに重点を置くかで希望の構造材を決めていくとよいでしょう。正確には「**構造**」×「**経過年数**」となります（決して木造が悪いということではありません）。

●方角・周辺施設

主に日当たりの検討材料になります。

時季により前後しますが、**東は9時ごろ、南は12時ごろ、西は15時ごろに日が射し込みます**。実際に日中に見学へ赴き、どの程度の日当たりかを必ず調べるようにしましょう。

日当たりは不動産の価値（価格）を左右するだけでなく、普段の生活の中で、洗濯物の乾き具合や、カビの発生率にも影響を及ぼします。

太陽は人間の健康状態にも関わってきます。朝起きてすぐに日光を浴びると、1日を快適に過ごせるといわれています。肉体的にも精神的にも、モチベーションの維持に影響を与えるので、気になる方は日当たりの悪い物件は避けた方がよいと思われます。また、

「南側が駐車場だから日当たりで悩むことはないだろう！」

と安易に決めつけてしまうのも危険です。なぜなら、**住み始めた後に駐車場が解体され、マンションが建つ可能性もある**からです。その土地に何を建てられるかは建築基準法などの制限や所有者の意向次第ですが、第三者の土地である限り、何が建とうとあらがう術はありません。

周りの環境が悪化してしまうケースには、ゴミ置き場や電柱が至近に移設されてしまったり、付近に大きな道路ができて暴走族の通り道になってしまった、なんてこともあります。華々しく新生活をスタートさせた後で、予想もしなかった悲劇に見舞われることがあるのです。

現在の状況だけでなく、今後その地域がどう発展していくかも含めて、方角や周辺施設には注目しましょう。このような未来想定が、物件を絞っていく上での検討材料を提供し

てくれます。

●階層

マンションの場合、何階の物件かは重要な要素の1つになります。

低階層のメリットは、上階に比べて**比較的価格が安く**なっている点です。1階の場合はとくに割安で、なおかつ階段やエレベーターを使わずに済みますし、下の階への気遣いも不要で、庭付きの物件のこともあります。ただし防犯面での懸念があったり、日当たりがいまひとつであったりといったデメリットが挙げられます。

上階は防犯性が高まる他、**日当たり良好**のことが多く、上階ほど**湿度が低く**なるのも魅力です。**虫の侵入率が下がる**のも嬉しいことでしょう。

そして何より眺望のよさが上階層のメリットです。ただしその分、低階層よりも価格が高めであることは覚悟しておきましょう。

●総戸数

こちらもマンションに関する用語です。見過ごしがちですが、総戸数も注目しておくべきでしょう。

マンションを安全かつ清潔に維持するためには、管理スタッフや清掃スタッフが必要であり、それらを維持するための管理費が発生します。

管理費はそのマンションに住む居住者で平等に負担し合います。よって、戸数の多いマンションほど建物も修繕費も大きくなりますが、それでも一戸にかかる管理費負担は小さくなる傾向にあります。

また、同じような理屈で、戸数が多いほど、一戸当たりの価格相場は割安になります。一定の土地に対し、50戸設けるのと100戸設けるのとでは、土地価格を按分すると単純計算で2倍の差となるわけです。このことも念頭に入れておきましょう。

さらに、マンションのデメリットでも触れましたが、戸数が少ないと管理組合の役員の順番が回ってくる頻度が高くなることもあらかじめ想定しておくべきです。こういった役が苦手な人は、総戸数は特に注意しておきましょう。

また、マンションには、物件に関する情報をまとめた**「重要事項調査報告書」**や**「長期修繕計画書」**があるので、**必ず確認**しましょう。

■隠されるデメリット

資料やインターネットの情報だけを見て、「よしここに決めた」と購入に踏み切る人はほとんどいません。そこで一生を送るかもしれない安住の地を手に入れるわけですから、ボールペンや電池を買うような軽い感覚で家を買う人は皆無です。

物件情報を掲載公開する側もそのことは熟知しています。よって資料やインターネットの情報は、あくまで見学に進むための入口でしかないのです。

販売側は、少しでも多くの人が見学に来てもらえるように、入口をできるだけ広く設けます。すなわち、物件のメリットに関しては大々的に告知しますが、デメリットに関しては隠されているケースも多いということです。

「駅から5分！」の売り文句だけが全面に踊っていて、その他のメリットについて一切触れていない、といった広告を見かけたら警戒しましょう。

実際に見学に行ってみると、高層ビルに囲まれ日当たりが極端に悪かったり、急坂の頂上に建っていたり、敷地の形が歪んで実際に住んでいる姿をイメージしにくかったりなど、「駅から驚くほど近い」というメリットをカバーしきれないくらい、驚くべきデメリットが待ち受けていることがあるのです。

仮に、大々的なメリットが気になり見学に行き、「先に知っていれば来なかったのに」と感じさせられる事態に遭遇したとしましょう。しかしせっかく来たのだからと、迎える販売側の言われるがままに見学がスタートすることはよくある話です。販売側はデメリットを克服できるよう、さまざまなメリットを強調し、見学者の心を揺り動かそうと目論みます。

もちろんここで、デメリットをカバーしきれる魅力を本当に感じられたのなら、購入対象の候補に入れてみてもいいでしょう。ただし、見学はこの物件だけで止めず、他の物件も見学し、比較検討する時間は絶対に必要です。販売側に急かされたとしても、ここは冷静な判断力を持って対処しましょう。

とはいえ、私がこれまで見聞きしてきた知識や経験を踏まえれば、これらの物件の多くは、「買ったら後悔する物件」に該当する可能性が高いです。

なぜなら、その物件を見た瞬間のファーストインプレッション、「先に知っていれば来なかったのに」がすべてだからです。直感的にその物件とマッチしなかったら、候補から外すべきなのです。そして、そもそも**広告の役割は、住宅探しをしている方を探すツールでもあるため、物件を見学しただけで決まらなくても、目標達成と考える業者もいる**でしょう。

本来は、資料やインターネットの情報段階でメリットとデメリットのどちらも知っておきたいところですが、業界の昔からの慣習で、残念ながらデメリットを知ることはできません。

販売側には売主と仲介業者がいて、情報を掲載するのは仲介業者の仕事です。情報は買う側だけでなく売主も見るわけですから、安易にデメリットを載せると彼らの心証を悪くしてしまいます。

そういった背景もあって、あまりデメリットを強調できない事情も考えられます。

しかし、だからといって、フィーリングに合わない物件をわざわざ見学に行くという無駄な時間を過ごすことは避けたいものです。

その回避手段として、現在では大変便利なツールが存在します。

Googleの提供する「グーグルマップ・ストリートビュー」というマップ表示ツールです。気になる物件の周辺を、インターネットを通して立体的に見ることができます。いわば疑似見学ができるのです。

このツールを使えば、物件周辺の立地は簡単に知ることができます。気になる物件を見つけたら、ストリートビューを使って下見をする癖をつけておきましょう。

第2章

4 選定の決め手にしたい3要素

■立地、建物、予算

本章で重ねてお伝えしている家探しのポイントは、「**トータルで判断する**」ということです。

「絶対新築のマンションに住みたい！」といった強いこだわりがない限りは、広い目で多くの選択肢の中から、これからの人生を共にする安住の地を決めてほしいのです。

とはいえ、「いつかは自分の理想にあった物件と出会えるはず」と、ひたすら物件を漁り続けるのは、無駄に体力と時間を消耗することになります。そして残念ながら、**おそらく理想をすべて満たしたパーフェクトな物件というものはこの世に存在しません**。

物件を選ぶ際は、**必ずどこかで「目をつぶる」瞬間があります**。それは妥協と言い換えることもできるでしょう。間取りに妥協したり、値段に妥協したり……。限られた予算で物を買う以上、きっと避けては通れません。

しかし、「**目をつぶっていい部分**」と「**決して目をつぶってはいけない部分**」**があるこ**

とも忘れてはいけません。たとえば、近隣に住む方々の性質に決して妥協はせず、下調べをしっかり行って、「うまく付き合っていけるか」を十分熟考するべきでしょう。

それでは、どの要素で目をつぶり、家探しの最終的な決め手とするべきなのか。

私が提案したいのは3つの要素、**「立地」「建物」「予算」**です。

これら3つのうち、たとえば立地が良くても予算と建物にやや不満があったとして、目をつぶれる範囲内であれば、その物件はあなたにとって好条件な物件の1つとなるでしょう。

要するに、幅を持たせてトータルバランスで見ることが大切です。

「立地は絶対に譲れないが、予算はこのくらい高くても我慢しよう」

「予算は絶対この額に収めたい。そのためなら多少間取りが想定より狭くても問題はない」

といったように、幅を広げられるところはできるだけ広げ、譲れないところは断固としてぶれない心構えが必要となります。

こうすることで条件に当てはまる物件対象は増え、あなたにとって理想の範囲内に収まった住まいと出会える確率はグンと高まります。

どのように「トータルで判断する」のか、何となくイメージが湧いてきたことでしょう。

それでは3つの要素についてさらに詳しく説明します。

■立地の観点

3つの要素の中でもとくに重要で、なおかつ見過ごされやすいのが立地です。

家探しの際に立地を深く考えずに決めてしまうと、後で思わぬ「住みにくさ」に気付くこともあり得ます。大きな後悔をしないためにも、立地をさまざまな角度から見ていくことを心がけましょう。

立地には「利便性」「安全性」「資産性」の3つの側面があります。

●利便性

利便性は多くの方が気にします。家探しの際も自然と意識して確認しているので、大きく失敗することはないでしょう。

駅やバス停の場所、車を使うなら駐車スペースの確保や前面道路の幅、スーパーやコンビニ、病院など普段よく使うであろう施設までの距離、子どもを育てるなら学校までの通学路など、生活していく上で不便を感じることがないかをきちんと考慮しましょう。

私が家を購入したときには、**公園の位置を重視**しました。公園は子どものストレスやエネルギーを解放できる安全な場所であり、子どもを育てる家庭にとってはとても大きな存在です。そのため、公園から徒歩3分ほどの場所を選びました。

私の子どもはよく動画を見たがるのですが、**家の中で動画を見せて過ごした日と公園で思いきり遊んだ日とでは、寝つきや顔つきが全く違います**。子どもの健康状態や性格にも大きな影響を与えると思われるので、子どもを持つ家庭の方はぜひ公園の近くを選びましょう。

また、私の家族には13歳になるパピヨンという種類のオス犬がいます。彼のトイレは散歩時に、道路脇や公園で行います。ただし、公園は犬の散歩が不可のところもあるので、道路脇が多くなります。愛犬と一緒に暮らす予定の方は、**運動させられる場所や排泄に適した場所があるかなど、散歩コースについても十分検討**しておきましょう。

●安全性

交番が近くにあるなら、それだけで安全性は増すでしょうし、地域で街を守る活動をしていればこれも好材料です。

子どもを育てるのであれば、危険な場所のチェックはもちろんのこと、公園など遊ばせる場所も念入りに調べましょう。試しに夜間に物件の近くを見回り、治安を確認するのもよいでしょう。

洪水・津波・土砂崩れなどの自然災害に対する安全性も見極め材料の1つとしましょう。参考にしたいのはハザードマップ（被害予測地図）です。該当地域の自然災害による被害予測を把握できます。

インターネットで検索すれば簡単に調べることができるので、物件に目星を付けたら必ず確認するよう心がけましょう。

●資産性

資産性とは、物件を投資対象とした目線で見ることであり、将来性と言い換えることもできます。

今後街が発展していけば価値はさらに良くなりますし、逆に衰退すれば価値は下がっていってしまいます。社会状況にも左右されることなので確実に将来を見据えることはできませんが、発展度合いが右肩上がりかどうかは、街並みを眺めていれば何となくつかめることもあります。

資産性の向上は、お店や駅や大きな道路ができるなどその地域の**利便性が増す**ことを意味します。ただし利便性が増すと人気が高まり、交通渋滞による騒音や排ガス問題、地価高騰によるスーパー・飲食店の値上げ、固定資産税や都市計画税の上昇を招くことになるので、そういったリスクも踏まえておくべきです。

「今後発展する期待もなさそうだし、この街に住むのはやめておこう」と決めつけるのもよくありません。発展が期待できないのであれば、その分予算を安く済ませられる可能性もあるからです。決め手とする3つの要素でいえば、資産性としての立地条件を緩める分、予算にこだわることができます。

住みやすさや住みにくさというものは、得てして住んだ後に気付く場合が多いものです。とくに、安全性や街の将来性は家探しの段階では見落とすことが多い部分です。

住んだ後に後悔することのないよう、立地に関しては詳細に念入りに、気を配っておくことが大切です。**「これだけ利便性が確保されているなら、このくらい高額なのも納得だ」といった新しい視点を持つことができ、最終決断の材料となってくれます。**

第2章

■建物の見極め

建物の間取りは、家探しで誰もが入念にチェックする項目です。広さ狭さはもちろん、日当たりや収納の数、隣家とのスペースや防犯面など、細かいところまで購入条件として考慮されます。

ただこれら1つ1つの項目にも、幅を持たせられるものと譲れないものをしっかり仕分けておくべきです。

「多少広さには目をつぶるが、日当たりは絶対に良いところにしたい」

「部屋数は少なくても、収納の数は多いほど嬉しい」

など、事前に箇条書きにしてまとめておくといいでしょう。もちろん、前述の立地とのバランスも大切です。

建物は立地と同様に資産性が大きな鍵を握っています。重要なのは、家は買った直後がマックスの価値であり、住んだ瞬間から下がっていくことです。

一般的な耐用年数の目安では、鉄筋コンクリート造が約47年、鉄骨造なら約35年、木造なら約20年で、価値はゼロに近づくといわれています。

これはあくまで税制上の耐用年数という目安であって、25年経ったら木造の家は老朽化で住めなくなる、といったものではありません。40年も50年も、さらにそれ以上経過しても、現役バリバリの木造の家もたくさんありますが、これらの資産価値はゼロということなのです。

ただ、これらの**年数を考慮することで、建物の真の価値というものが見えてきます**。

将来もし売却するときが来たら、概算ではありますが、これを目安として価値を算出することができます。たとえば、新築鉄骨造の家を3500万円で購入したとします（土地の価格は考慮しません）。鉄骨造は35年で価値がゼロになるという考えに基づけば、1年で100万円ずつ価値が下がることになります。もし15年後に売却しようと決めたら、1500万円価値が下がっていることになり、建物の残存価値は2000万円となるわけです。

高額な物件であっても、耐用年数が長く、下がっていく価値が緩やかであれば、資産性に優れた建物です。将来の運用法も視野に入れることで、多少高価な物件であっても、購入に踏み切れるものもあることでしょう。

また、**リフォームやリノベーションを施すことで資産価値が上がり、目減りしていた価値を取り戻すことも可能です**。

■予算は総合的に出す

以上の立地や建物を考慮した上で、最終的な予算の範囲を見いだしましょう。

物件の相場というものは、立地や建物の良し悪しなどで総合的に弾き出されています。**コスパ抜群のお買い得な物件というものはほぼ皆無で、どれもきちんとその価値に応じた値段が提示されている**と考えていいでしょう。

中には不当に高い価格を付け、利益や手数料をたくさんもぎ取ろうと企む悪質な業者がいるのも、残念ながら事実です。

ただ周辺地域の相場と比較すれば、異常に高いことが分かることでしょう。ですから、物件そのものや1つの業者だけにとらわれず、広い視野を持って総合的に判断することが大切です。リフォーム済物件は、見た目がきれいでもメーカーやグレードにより数十万円の開きがあるため、よく調べる必要があります。

予算に重点を置き、「絶対にこの額以上は出せない」という条件を出してもかまいませんが、この場合は立地や建物にかなり目をつぶる点が多くなることでしょう。逆に利便性を重視したいのであれば、予算は多少はみ出しても目をつぶるべきです。

「**立地**」「**建物**」「**予算**」**の3要素を踏まえ、どこにこだわり、どこに妥協点を置くか、必ず決めておく**ようにしましょう。

ただしこの3要素というのは、私がこれまで多くの方の家探しのアドバイザーとして携わり、そこから絞り出した傾向に過ぎません。この3要素以外にも、人によってはより重視したい要素があるかもしれません。その場合は、その要素も加えて、総合的に見定めていくようにしてください。

何度も申し上げますが、家探しはトータルバランスです。理想に最も近い物件と出会うために、以上の点を念頭に置いて家探しに臨んでください。

《不動産価格の構成》

不動産価格 ＝ 土地（坪もしくは㎡単価相場 × 坪もしくは㎡数）＋ 建物（広さ・新しさ・グレード）

5 見学時のポイント

■見学で本当に見るべき場所

新築であれ中古であれ、間取りを見ただけで「ここに住みます」と即決できるケースはまず考えられません。見学は物件購入検討者の誰もが通る道です。

新築の場合は、まだ土地に建物が建っていないこともあります。この場合はモデルルームの見学を経てから、契約するかどうかの検討段階へと入ります。

さて、見学ではどういった点に目を凝らせばよいのでしょうか。

私はこれまで家探しをしている多くの方に寄り添い、見学の場に何度も同行させていただきました。皆さまそれぞれ、見学では細かなところまで入念にチェックをされます。

多くの方が確認する箇所は、たとえば、**立地や間取りといった大枠から、冷蔵庫の設置スペースの採寸やカーテンレールの有無といった細かい部分**もあります。事前に家族で話し合い、チェックポイントを書き留めておくことをお勧めします。

しかし、これらだけでなく、さらに忘れずに見学時に「実践」していただきたいポイントがあります。

それは「**生活シミュレーション**」をしてみることです。

たとえば、洗濯について、1階に洗濯機があり3階に日当たりのいいベランダがあったら、どうでしょうか。干すことに不便を感じてしまうでしょう。年齢を重ねるほど、洗濯物を抱えて階段を登るのがしんどくなり、いつからか1階の室内干しが習慣となってしまうかもしれません。

こういった事実に、住んだ後に気付いても時すでに遅しです。そうならないためには、見学の段階で洗濯のシミュレーションをしておくに限ります。

他にもシミュレーションしたいことはいくつもあるでしょう。

たとえば、**キッチンは、子どもを見ながら調理ができるか**など、自分の使い方に合った配置や機能を満たしているか。階段は、すれ違える程度の幅があるか。車庫が1階にある場合は、**道路への出し入れが容易にできるか**。収納や掃除で不便を感じないかなどです。

これらの多くは間取りを見た段階では気付きにくく、**実際に物件に触れることで見えてくる要素**です。見学では入念にチェックしておきましょう。

■見学は温和なムードで

見学は、空き物件の場合は不動産業者、居住中物件の場合は不動産業者に加えて売主が同行するのが一般的です。とくに居住中物件でまだ売主が居住している場合は、売主と密にコミュニケーションを取りながらの見学となるでしょう。

見学では細かいところまで目を凝らすべきですが、だからといって揚げ足取りのように、何でもかんでも指摘し悪く言うことは歓迎できません。

物件について褒めることを一切せず、マイナス面を見つけては値引き交渉の材料にしようと目論む見学者をこれまで何度か見てきましたが、これは逆効果です。難癖ばかり付けていると業者や売主に警戒されてしまい、「買う気がないんじゃないか」「この人には買って欲しくない」という気分さえ抱かせてしまいます。

中古の場合は**売主はさまざまな想い入れがあると思われます。人によっては、自分の娘を嫁に出すような気持ちでいることも考えられます。**

見学は物件を見る時間だけでなく、物件に関わる人たちと距離を近づける時間でもあります。終始温和な雰囲気作りを心がけましょう。

「1円でも高く売りつけてやろう」と企む悪質な売主は本当にごく一部です。多くの売主は、見学希望者と良好な関係を築きつつ、お互いにとってベストな価格帯での取引が成立することを願っています。

ですから、こちらも警戒心を強く発したり、あら探しばかりしたりすることは控えましょう。

とはいえ、**見学で遠慮をする必要はありません**。物件に関する知りたい情報をすべて引き出してから最終判断を下すべきです。そのために見学時間を存分に使って、満足のいくまで物件をチェックしましょう。

■中古物件は質問攻めで

中古物件においてはとくに、温和なムード作りや物件を褒めることが重要です。

想い入れのある住まいを褒められて、気分を悪くする人はいません。良い印象を与えると、売主があなたに対して「ぜひこの人に買って欲しい」という想いを強くするため、こちらの質問に快く答えてくれるようになります。

物件のことをいちばん知っているのは、不動産業者ではなく居住経験者である売主です。

売主は不動産のプロではなくアマチュアですから、物件の良いところも悪いところも忌憚なく教えてくれます。ですから、次のような質問も遠慮なく質問をぶつけてみましょう。

「小学校までの道で危ないところはありませんか？」

「買い物はいつもどこでされていますか？」

「いい病院はありますか？」

「ご近所さんにはどういった方がいらっしゃいますか？」

「管理組合で苦労していることはありませんか？」

これらは、**和やかな空気が流れているからこそ、できるやり取り**です。


好印象を持ってもらうためには、基本的なマナーにも気を付けておきましょう。

訪問時には「初めまして、本日見学をさせていただく〇〇です。お時間ありがとうございます」の挨拶からスタートします。

気になる収納があったら「開けてみてもいいですか？」と一声かけます。見学の際は、遠慮は不要ですが、見学時点の所有者は売主なので、無断で手を触れることのないようにしてください。承諾は当然のマナーです。

見学が終わった後も「本日はありがとうございました」と忘れず売主に挨拶しましょう。当たり前のマナーですが、家という大きな買い物を控えていると、細かい気配りが疎かになりがちです。普段は無意識に行えていることも、改めて意識しておくようにしましょう。そうすることで、**具体的な交渉の際に好転しやすくなる**ことでしょう。

第❷章まとめ

- ☑ 物件は一長一短、表裏一体がある。
- ☑ ハザードマップを確認する必要がある。
- ☑ 見学時は物件を褒めてから、遠慮せずに質問する。
- ☑ 立地、建物、予算のバロメーターで総合的に判断する。

第3章

失敗しない業者選び

1　不動産業者に関する基礎知識

■不動産業者の専門ジャンルを把握する

病院に内科や外科、産婦人科、眼科といった専科があるように、不動産業者にも業者ごとの得意なジャンルがあります。

ジャンルは大きく分けて次の6つです。

①売買仲介業者

売主の売却サポートもしくは買主の家探しをサポートします。

②賃貸仲介業者

貸主の入居者募集サポートもしくは借主の物件探しサポートと管理を担います。

③投資用売買業者

資産運用目的で利回りを見据えた投資家の、物件購入や売却をサポートします。

④建売、中古リフォーム再販

土地もしくは土地と建物や区分マンションを仕入れ、リフォームを加えて再度、住む方に転売します。

⑤賃貸管理

賃貸物件の管理対応を担います。

⑥テナント・工場・倉庫・リゾートなど

店舗の募集や管理、家探しをサポートします。

たとえば家を購入（または売却）したいなら、①の売買仲介業者に相談します。

この6つのジャンルの中で、専門を1つに絞っている業者もあれば、複数のジャンルを掛け持ちしている業者もあります。

「掛け持ちしている業者は手広く経営しているから、各々のジャンルの知識や経験が不足しているのではないか」という疑問を抱くことがあるかもしれませんが、決してそうとは言い切れません。たくさん掛け持ちしている業者は事業規模が大きく、人材も豊富で、より手厚いサービスが受けられる場合もあります。

また、ジャンルを一本に絞って営業している不動産業者は、専門性が高く知識や経験が豊富な可能性は高いですが、1つのジャンルにしがみついて、古い知識で細々と経営して

第3章

いる場合もあります。

よって、扱っているジャンルの数で良し悪しを判断することはできません。**肝心なことは、営業担当者に知識・経験があり、「契約」ではなく「幸せな生活」に照準があっているかです。**

ただ、賃貸を専門としている業者に売買の相談するといった、自分の目的とは異なるジャンルを扱う業者へ相談することのないように注意しましょう。インターネットのホームページや店頭の看板に、どのジャンルを扱っているのか標榜しているので、事前に確認しておきましょう。

■免許番号でキャリアを把握する

ジャンルとともにチェックしておきたいのが、不動産業者の免許番号です。

運転免許証がないと公道で車を運転できないのと同じように、不動産の仲介や売買をするには法人として宅地建物取引業の免許が必要です。

この免許は不動産店を訪問すれば、お客さまの見える位置に必ず掲げられています。ホームページに記載している業者もあります。

宅地建物取引業の免許には、次のような免許番号が書かれています。

「神奈川県知事(2)第◯◯◯号」

冒頭の「神奈川県知事」は、神奈川県内に事務所を設けていることを示しています。2つ以上の地域になると、ここの記載が「国土交通大臣」となります。

カッコ内の数字は更新の回数です。更新頻度は5年に1回と定められているので、「(2)」は不動産業をスタートさせてから5年以上10年未満経過していることが把握できます。

ただし、ここで注意したいことは、たとえば10年目を節目に神奈川県だけでなく東京都でも営業を行う申請を行った場合、冒頭が「国土交通大臣」となるとともにカッコ内の数字もリセットされ「(1)」となります。

ですから、(1)であったとしても、必ずしも新参の業者とは限りません。事業拡大を続けている成長企業の可能性もあるのです。

基本的にはカッコ内の数字が大きいほど、長く事業に携わり経験も豊富という期待感が増します。「大阪府知事(8)」であったら、「この業者は大阪府で長いこと経営を続けてきたんだな」という1つの判断材料となります。

最後の「第◯◯◯号」は業者ごとの識別番号です。

免許番号だけで業者の経験値すべてが見通せるわけではありませんが、信頼度を判断する**1つの目安材料**として押さえておきましょう。しかし、古くから開業していても「昔ながらのやり方」が正解なのかは分かりません。

■取引の構図

不動産売買取引の基本構成についても知っておきましょう。

取引は大きく「3者取引」と「4者取引」の2つがあります（図3－1）。

●3者取引

買主と売主の間に立ち、取引を円滑に進める不動産業者が1者の場合を「3者取引」と呼びます。

●4者取引

買主側の不動産業者と売主側の不動産業者が別々の場合を「4者取引」と呼びます。

不動産業者は買主もしくは売主の代理人的立場にあります。したがって、買主の代理人である不動産業者は、少しでも買主にとって有利な条件で契約できるように、逆に売主の

図3-1 「3者取引」と「4者取引」

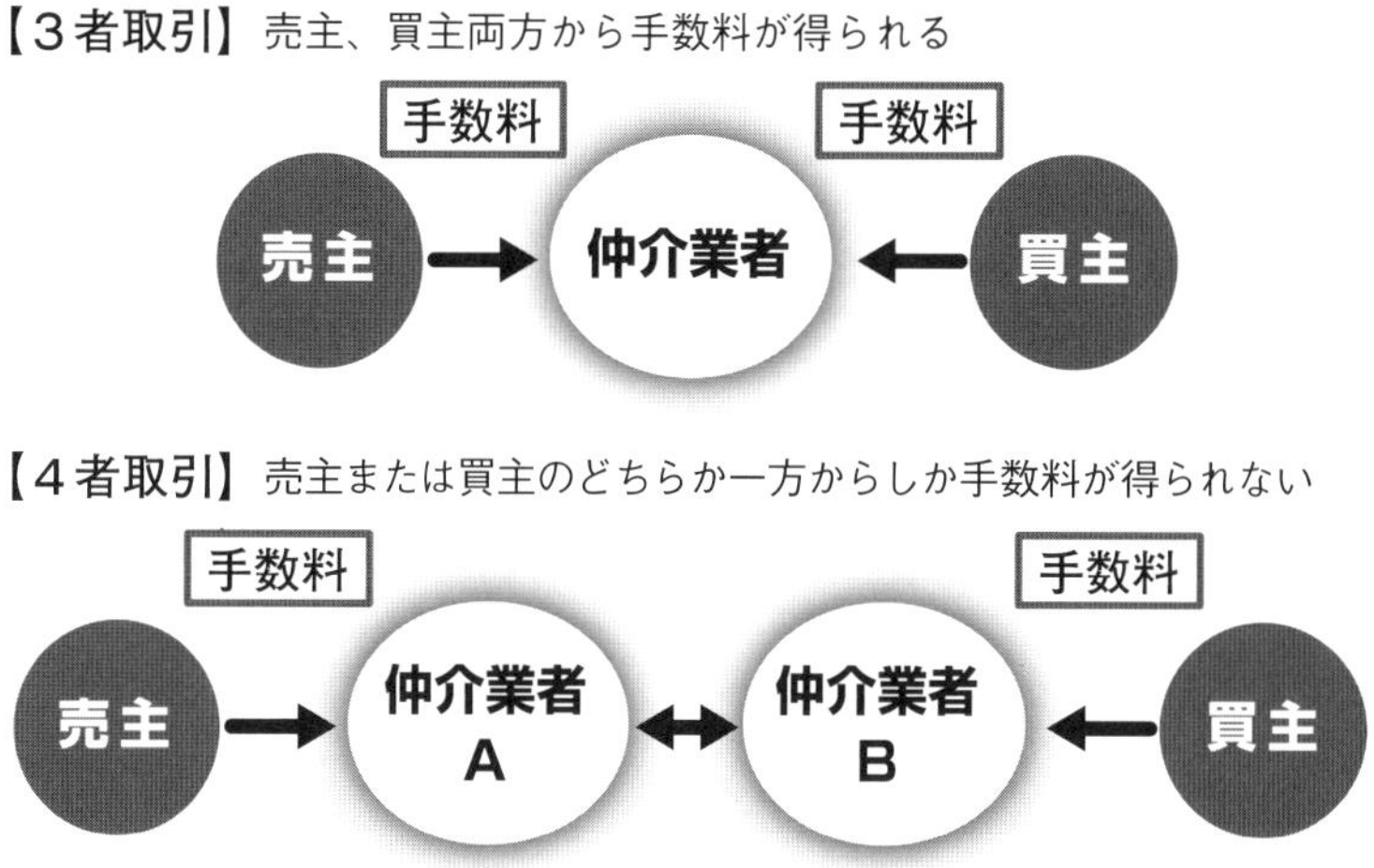

不動産業者は、売主にとって良い取引が行われるように交渉を進めます。

ここで難しい立場になるのが、3者取引の不動産業者です。買主売主兼任の代理人ですから、両者にとって理想的な取引となるよう話を進めなければいけません。

実際のところ、**3者取引での不動産業者はどうしても売主側に寄り添う傾向が強くなってしまいます。なぜなら、不動産の持ち主である売主は唯一の存在であり、対する買主は物件を売りに出している限り、候補が見つかるからです。**

ですから3者取引の場合、買主は少々注意が必要で、業者の言われるがままに取引を進めていくのはリスクを伴う可能性があります。

これら取引の構図について、さらに一歩踏み込んだ話を本章の最後で触れます。ここでは、3者取引と4者取引の違いを覚えておいてください。

2 不動産業者の役割

■業者が担う業務

売買仲介の不動産業者は、どういった業務を請け負うのかを次にまとめておきます。

①インターネットへの物件掲載
②問い合わせ対応、集客
③希望条件のヒアリングとアドバイス
④物件紹介
⑤物件の下見や見学同行

⑥売主もしくは代理不動産業者との交渉
⑦金融機関へのローン申し込みと段取り
⑧不動産売買契約
⑨金融機関との最終調整
⑩引き渡し

各業務の詳細については後ほど説明するとして、ここで押さえておきたいのが、**現代の家探しの多くはインターネットがスタート**という点です。

多くの購入検討者が、まずインターネットで希望条件を自分で検索し、検索結果として出た候補の中からさらに好みを絞り、掲載している不動産業者へ問い合わせます。

この後に不動産業者が中心となり、物件の見学を取り付けたり、買主へのヒアリングを反映して他の希望に沿う候補を探したり、いよいよ購入の段階になると買主や金融機関との交渉へと入ります。

とくに交渉は専門的な知識や豊富な経験が重要となります。ここで最適な過程を踏めないと、購入までに時間がかかったり、想定よりも出費の多い購入となったりしてしまいます。ここは不動産の素人だけで話を進めていくのは厳しく、プロの力に頼るべきでしょう。

スタートはインターネットによる自力の検索作業であっても、最終的に満足度の高い契約を成立させるためには、不動産業者のサポートは欠かせないのです。

■「セルフサービス化」の危うさ

現代はインターネットを駆使して、容易に誰でも希望物件を見つけ出せるようになりました。

本来は、不動産業者が買主から念入りにヒアリングして背景を十分に汲み取り、買主の代理として最良の住まいを見つけ出すことが、最初の大きな仕事だったはずです。

しかし今では、買主側の負担が大きくなってきたといえます。

より端的にいえば、家探しは買主側のセルフサービスになりつつあるということです。

あらかじめインターネットで物件を見ておけることは決して悪いことではないのですが、セルフサービス化するのであれば、不動産業者の業務が減った分、物件価格や諸費用も減るべきではないかというのも、1つの考え方になります。

たとえば、セルフのガソリンスタンドは自分で給油する分、料金は安くなっています。

セルフの飲食店も料理や飲み物を自分で運ぶ分、飲食代がお得になっています。したがって、物件検索を自分でする分、物件価格や諸費用も安くするのが当然ではないでしょうか。しかし、実際は物件価格や諸費用は減っていません。不思議に感じるところです。

私は、不動産業に従事する者として、次のような理念を持って業務に接しています。

「インターネットなどを使ったお客さまによる家探しは、参考程度にしていただくべき。大切なのはそこから先。私たち不動産業者は、**家探しをお客さまに委ねず、**十人十色なお客さまの**背景を汲み取り、希望を満たすことのできる物件情報の提供を行う**ことで、お客さまに喜んでいただけるサービスを提供すべきである」

このような理念を持って業務に望んでいるか否かが、不動産業者の良し悪しにつながってくると思います。

■不動産業者の真の役割

理念に基づいた不動産業者の真の役割とは、具体的にどのようなものなのか、私見を申

第3章

し上げます。

まず、**不動産業者が依頼主の代理人であることは大前提で、もっといってしまえば代弁者、もしくは分身**でなければいけません。

不動産業者の役割は、レジ打ちのような、商品をピッとスキャンして会計するだけの業務ではありません。つまり、お客さまが見学したい家だけを案内して、「○○円です」と契約を促すだけでは成立しないのです。

セルフサービスだけで見つけた物件のみを見学して契約するのは、体調を崩しても病院に行かず、自己診断で薬を購入するようなものです。それでも治るかもしれませんが、病院に行けばもっと迅速に効果的に治せる良い薬があるかもしれないのです。

ですから、インターネットなど自力で見つけた候補と、不動産業者に紹介された候補、両者をじっくり比較検討してから、自分にとって最良の家を選び、契約をしましょう。

不動産業者は、不動産の知識と経験を有した分身となり、依頼主と同じ想いを抱き、「満足のいく家で笑顔の絶えない生活」をお届けできるよう、家探しに従事するのが真の役割だと私は感じています。**物件情報提供屋では物足りない**のです。

将来を見据えながら、**プロとして良し悪しに気付き、依頼主にとって最適な場所と条件を提示することが、これからより不動産業者に求められていく価値**となることでしょう。

そのためには日々の研鑽は欠かせません。常に新しい情報と知識を積み上げていく必要があります。

真の役割を自覚している不動産業者と出会うことが、失敗しない家探しを達成するためには大切なことです。

3 良い業者、良くない業者

■良い業者の条件

理想的な業者の条件として、まず重要なのが知識や経験です。とはいえ、インターネットのサイトを覗いたり、実際に店舗を訪れてみても、知識や経験の量というのは容易に測れるものではありません。

そこで1つの指標となるのが年数です。免許番号のカッコ内の数字を参考にしたり、社名の知名度を頼りにすれば、長く業界に身を置く信頼できそうな業者を絞ることができるでしょう。

しかし油断してはいけないのが、**長い年数を経ているからといって、必ずしも知識が豊富ではないということです。情報が古いまま、更新されていない業者もよくあります。**

物件や街のことはたくさん知っていても、最近のローン事情に詳しくないところもあります。内装の流行に対して敏感ではないところもあります。若い世代の生活スタイルを理解していない、社員の高齢化が著しいところもあります。

ですから、年数が長いからという理由だけで信頼するのはやめておきましょう。

良い業者というのは、自動車運転におけるカーナビゲーションのように、依頼主にとってのよき道案内役であり続けてくれます。

すなわち、目的地を明確にとらえつつ、その時に適した抜け道や現在地もきちんと教えてくれるところが最良の業者です。

「ここは専門的な部分なので」と細かい説明を省く業者は注意しましょう。それらを噛み砕いて分かりやすく伝えるのも、業者の大切な役目です。

契約という目的地に到達することばかり考えていて、購入過程のどこが依頼主にとって

のターニングポイントなのかをぼかされ、業者にとって都合のいいように進められてしまう可能性があります。

都度質問と確認を投げかけ、分かりやすい説明を返してくれるか。これが良い業者と良くない業者の、決定的な見極め材料となります。**1つでもごまかしている部分が見受けられたら、別の業者に切り替えることをお勧めします。**

■良し悪しの境界線

さらに良い業者と良くない業者それぞれの特徴を知るため、第1節で紹介した不動産業者の業務に沿って説明します。

①インターネットへの物件掲載

インターネットが情報収集のスタンダードになった現代において、いずれの不動産業者も日々欠かすことのできない業務です。

業者は人気になりそうな物件を優先して掲載していきます。掲載されている物件は、各業者間で大差はなく、業者を見極める上では重要ではありません。

ただ、中には契約済みでありながら掲載したままにしている業者もあります。これには次の2つのどちらかの理由が該当するでしょう。

・単純に掲載を取り下げるのを忘れている。サイトの更新頻度が低く、古い情報が散見している業者ということ。

・人気の物件だから故意にそのまま掲載している。掲載していれば必ず連絡を取ってくれる購入検討者がいるので、来店させるためのいわば「オトリ」物件としている。

「実はもうその物件は埋まってしまっていまして。しかし似たような物件でお勧めのものがございます」という誘導を狙っています。本当に似たような物件で良いものを紹介してくれればそれでいいのですが、こういったオトリを活用する業者は売り上げばかり見ていて、購入検討者の意向を汲まないまま、半ば強引に契約へと進めていく傾向があるのも事実です。

そもそも、似たような物件でいいものがあるなら、契約済みの物件を引っ込めてそちらを掲載するはずですから。

どちらの理由にしろ、売約済みの物件を掲載したままにしているのは、あまり良い業者とはいえません。

良い業者は必ず定期的に情報を更新し、常に新しい物件を掲載していきます。彼らは常にアンテナを張り、お客さまに心からお勧めできる物件を探しています。親身になって相談に乗ってくれる可能性は大きいといえます。

②問い合わせ対応、集客

不動産業界だけでなく、あらゆるサービス業に通じることですが、**迅速さと分かりやすさが良し悪しの判断材料**となります。

こちらの質問に迅速に対応し、丁寧で分かりやすい説明を心がけてくれるのが良い業者です。

速さが大切とはいえ、「他の人に取られる前に、決めちゃいましょう」と急かしてくるような業者は、売り上げ至上主義の可能性が高いので警戒心は強めるべきです。

説明に専門用語を並べたり良いところしかアピールしなかったり、しつこさやまくしたてるような強引さを感じたりする業者には、とくに気を付けましょう。

③希望条件のヒアリングとアドバイス

業者の手腕が問われる局面であり、ここで良い業者かどうかが大方見えてきます。

まず、「買うこと」が前提ではなく、**「そもそも購入自体が得策かどうか」という観点からアドバイスをスタートしてくれる業者は信頼できます。**

綿密なヒアリングの結果、購入検討者の生活面や経済事情から、「購入に最適なのは今ではない」という結論に至った場合、先延ばしを推奨してくれます。

また良い業者は、「今買うのが最適」となった場合、月のローン支払いがどのくらいなら現実的か、購入検討者の背景も聞き取りつつおおよその予算を見積もってくれます。ここは業者の知識や経験が相当物を言います。

対する悪い業者ですが、**とにかく「今でしょ」を連呼**します。「低金利の今がチャンスです」「税金が高くなる前に買っちゃいましょう」と、何かしらの理由をつけ、今が買い時であることを主張します。

彼らは購入検討者の背景をほとんどくみ取りません。さらに悪徳なところだと、**少しでも高い物件を勧めてきます。高い物件ほど手数料が多く取れるのと、単純に物件の質が高**

くなることで購入検討者の財布の紐が緩みやすくなるからです。

高い物件は当然条件が良いですし、見映えも抜群ですから、購入検討者はローンを気がかりとしながらも、**つい欲しくなってしまう**ものです。そして業者は何の根拠もなく、月々の支払い額を提示しながら「この額なら大丈夫でしょう」と説得にかかります。とにかく購入を勧め、購入者が後々ローンの支払いに困窮する可能性があっても知らんぷりです。

④物件紹介

良い業者は紹介する物件だけを説明するのではなく、**他の物件との違いを比較し提示し**てくれます。これは経験や勉強の賜物といえるでしょう。

たとえば価格についてなら、**近隣の似た物件と比較し提示**します。そして**なぜこの価格で販売されているのか、きちんと理由を説明してくれる**のです。

気を付けたいのが、**物件の良い部分ばかり強調する業者**です。もちろん商売ですから、なるべく良いところをアピールして売り上げにつなげたいのが業界全体の本音ではありますが、だからといって物件の**悪いところを覆い隠すのは良くありません。**

購入検討者にとっては、**人生を左右する大きな買い物なのですから、良いところ悪いところ含めてその物件を気に入ってもらい、購入に踏み切ってもらうことが業者本来のあり方です。**

物件の良い部分ばかり取り上げ、悪い部分を一切言わない業者には気を付けましょう。「プロの目から見て何か気になるところはありませんか?」と業者に意見を求めたり、「近隣の似た間取りの物件よりも安い気がするのですが、理由は何でしょうか?」と**疑問を投げかけてみたりすることを推奨**します。

そこで口をつぐんだり、自信なさげの小さな声で受け答えしたり、ごまかすような業者は、良くない業者とみていいかもしれません。

⑤物件の下見や見学同行

この段階での良い業者が実践していることは明白です。見学の前に下見をしていることはもちろん、中古であれば売主と事前に話し合いの場を設けておき、円滑な見学が実現するよう動きます。さらに見学の際には、良いムード作りを意識します。

物件の見方についてアドバイスをしたり、購入検討者の分身として、プロの目線も加味して物件を真剣に吟味したりします。

優秀な業者は**アンテナを多方面に張っていて**、次のように、**購入検討者が短時間の見学ではなかなか気付かない点にまで着目してくれます。**

「外からの視線が気になるかもしれませんね」

「ゴミ集積所が近いから風向きによっては臭気が漂ってくるかもしれません」

「隣の部屋が共用廊下にたくさん傘を置いて自転車も我が物顔で停めていて……ちょっと癖のありそうな人がお住まいかもしれませんね」

このように**購入検討者にとって、とても頼りがいのあるアドバイザーとなってくれます。**

ただし、揚げ足取りばかりでは不安が残ります。良し悪し両方に着目してくれる担当者が安心できます。

⑥売主もしくは代理人である不動産業者との交渉

購入を決めたら、売主もしくは売主の代理人である不動産業者と交渉する段階に入ります。3者取引や4者取引はこれに当たります。

この段階にまで至ったということは、依頼した不動産業者を信頼しているはずではありますが、この段階でも見極められる良い業者と良くない業者の違いはあります。

良い業者は交渉を柔和に進めます。そして、購入者の希望を理解し、譲れないところをしっかり把握して、両者の納得できるベストな着地点に落ち着けるようじっくり協議します。決して「ここはこちらが折れましょう」と半強制的に妥協させ、契約を急かすようなことはしません。最後の最後まで粘ってくれます。

対する良くない業者は、伝えることだけを目的とし、マニュアル通りに交渉を進めます。彼らの中では交渉を成立させることがミッションなので、飲めない条件があったとしても、買主側を妥協させるよう説得してきます。売主側を説得するよりも楽だからです。

全体を通していえることですが、やはり**不動産業者は依頼者の分身的存在であるべき**です。こちらの希望を汲んでくれないところとは、早い段階で縁を切るに限ります。

⑦金融機関への申し込みと段取り

良い業者であれば、購入者の背景を考慮した上で、長期的目線で無理のない最適なローンを提案してくれます。どこから融資を受けるか最終決定権は購入者にあるので、**業者は各金融機関の返済プランのメリットとデメリットを分かりやすく丁寧に説明し、**最終的な判断を購入者に委ねます。

3~5件程度のローン候補を絞り、購入者のケースに当てはめ返済プランをシミュレーションした資料を作成し、比較検討させてくれるのが理想的な業者といえるでしょう。

対する良くない業者は、このような購入者ごとの資料作成は時間や手間がかかるので省きます。**懇意の金融機関への橋渡しだけを担うので、購入者から見ると、さも業者の方で最適なところを選んでくれたかのように見えます。しかし実際のところは、購入者にとってもっとふさわしい返済プランが他にあるケースも多いのです。**

購入者の心理として、この段階になると手に入る物件は決まっていますし、各種の手続きに疲れも出始めているころで、ローンの細々としたしくみは分かりにくい部分が多く、業者に言われるがままにしてしまいがちです。

さらに、**普段は扱わないような桁数の金額を多く見てきた後で、金銭感覚がずれているため、数十万円の違いをあまり気にかけない傾向にあります。**

しかし、**ローンを厳選することで、年間で数万円の差が出てくるもの**なのです。その差額で1つ上のランクの家具をそろえることができますし、家族旅行の資金にすることもできます。貯金という心の安心を整えることも可能です。

第3章

したがって、この段階でもしっかり業者と連携を取り合い、綿密な検討を重ねるよう心がけましょう。

⑧契約

契約まで来れば、ほぼすべての事項が決定した段階であり、儀式的な面も濃いです。しかし、とても大事な段階なので、内容に齟齬《そご》がないかの確認は十分に行いましょう。**契約日当日は売主や売主側の業者がいるため、質問しにくい心境**であり、時間的にも心情的にも余裕がないため、細かい確認をおろそかにしてしまいがちです。

良い業者であれば、**事前に必ず契約書についての打ち合わせの場を設けてくれます。**打ち合わせの場をスキップする業者には注意が必要です。

契約書をただ読み上げるだけでなく、分かりやすい例えを取り入れて噛み砕いた説明を心がけてくれるところが良い業者です。こちらが**納得するまで付き合ってくれる親身な業者が理想的です。**

ここで達成していただく**目的は「契約作業をこなす」のではなく、「理解し納得する」**ことです。

⑨金融機関への最終調整

金融機関と最終的な合意を行う局面です。いよいよ融資額を受け取る時期であり、次の引き渡しとほぼ同時期に当たります。無理のない融資額と期間が設定されているか、入念なチェックが必要になります。

この段階でも親身にサポートしてくれる業者が良い業者です。金利などから、本当にこの金融機関でよいのか、最後まで寄り添ってくれる不動産業者は安心でしょう。

⑩引き渡し

引き渡し自体よりも、引き渡し後の対応で業者の良し悪しは決まってきます。

引き渡し後、困っていることがないかなど気遣ってくれるのが良い業者の特徴です。「引き渡しが終わり」ではなく「引き渡しが始まり」という理念を持ち、長い付き合いをしてくれます。

引き渡し後のケアの有無については、初期の段階でこちらから尋ねておくようにしましょう。返答を濁されるようであれば、信頼の置ける業者とはいえません。その場合、住み替えが必要になった時は再度依頼するかどうか、慎重に考えましょう。

4 担当者の見極め方

■まずは担当者との相性から

担当者を見極める上で大切なのが、担当者との相性です。気兼ねなく話せる人に担当してもらいましょう。

物件や不動産の話題だけでなく、家族のことや趣味のことも打ち明けられる間柄が望ましいです。

なぜかというと、**こういったたわいもない会話の中から担当者は依頼者の背景を知り、心からお勧めできる家を発見できたり、最適なローンのプランを練ることができたりするからです。**

たとえば、買い物が好きな一家であれば、ショッピングモールに近い物件を見つけ出してくれますし、**旅行が趣味の依頼者であれば、他の家庭に比べて旅費が多くかかるので、**

月々の支払いが少なくて済む物件やローンを選んでくれることでしょう。電車移動が苦手、さらに車を持つ予定がない、という依頼者にはなるべく交通の要衝や通勤通学先に近いところで最適な家を探してくれるかもしれません。

これらは、**マニュアルに沿ったアンケートや、サイトの物件検索には存在しない項目です。担当者との会話の中で見つかる「隠れた希望条件」**なのです。**依頼者ですら気付かなかった希望条件を掘り起こしてもらえるよう**、何でも話せる波長の合う担当者に出会いたいですね。できれば数者と面談した中から選ぶことがよいでしょう。

具体的な出会い方についても言及したいのですが、こればかりは実際にお互いが面と向かってみないと分かりません。相性の良し悪しは人それぞれなので、友人と親交を深めたり結婚相手を探したりするのと同様、自身の感覚を信じて担当者を絞っていくしかないでしょう。

「この人と一緒に家を決めたい」

「この人と選ぶ家なら安心」

交流していてそんな気持ちになれたのなら、相性のよい担当者と思っていいでしょう。年上か年下かも関係ありません。ベテランか新人かも関係ありません。長く業界に身を置く年配でも、知識経験を更新できないまま年を積んだだけで実績は大したことなく、売り上げや成績、歩合給ばかりに照準を当てている方もいます。

新人の担当者は、確かに知識や経験の不足は否めないですが、それを自覚し日々勉強を続け、お客さまにとっての最適な家を見つけたいという情熱は誰よりも持っているかもしれません。そして分からないことがあったら、謙虚な姿勢で「社内の先輩に聞いてみます」「調べてみます」とごまかすことなく対応してくれるかもしれません。

いずれにしろ、良い業者で相性抜群の担当者を見つけることが、失敗のない家探しへとつながります。この点は妥協することなく徹底していくべきです。

■問い合わせた物件を一緒に見学

担当者を見極める上で心がけたいことは、問い合わせた物件を一緒に見に行く方向で話を進めていくことです。電話であれ店頭であれ、開口一番「実はその物件、すでに埋まっちゃいましして」と悪びれることなく弁解し他の物件を勧めてくる場合、依頼者への心遣いの欠けた売り上げ重視の業者と判断できるので、この段階で切り捨ててしまうのが得策です。

物件の見学前後では、担当者からさまざまなヒアリングを受けることになるでしょう。この段階で、担当者との相性を見極めることになります。もし感覚的に「この人とは合わないな」と感じても、その会社に良い印象を抱いているのなら、担当を変えてもらうようにしましょう。向こうも相性について熟知していますから、とくに問題なく担当者が変更できるはずです。

とにかく、何でも相談できて相性の良さそうな担当者とともに見学へ行きましょう。見学は、物件を見ることが目的ですが、担当者をチェックする重要なタイミングでもあります。

「次の見学予約がもう入っていますよ」

「こんなにいい物件、他にありませんよ」

と急かしてくる担当者は、たとえ相性が良くても信頼関係は築けません。のんびり屋さんタイプの担当者もそれはそれで問題ですが、せかすだけの担当者は、自身の**実績のことばかり考えていて、依頼者にとっての良きパートナーでありたいという意識が足りていない**

可能性が高いからです。

プロの目線で、依頼者の重視している項目を考慮した上で、丁寧に寄り添ってアドバイスしてくれる担当者であることが基本です。単なる物件の価値だけでなく、その後にかかってくる各種費用についても、きちんと知識を有していて分かりやすく伝えてくれるなら理想的です。

知識の浅い担当者は、**各種費用について購入時点での額しか伝えてきません。**たとえば、マンションの管理費や修繕積立金は経過年数に応じて増額されることが多いのですが、これをしっかり理由を添えて伝えることをしません。

もし、担当者が安さばかり強調してくるのであれば、念のため「この費用は本当にこれから先もこの額のままなのですか？」と質問を投げかけましょう。

また、**相場よりも安い物件を見学したり、資料で見たりした場合には「なぜこの価格での販売が可能なのですか？」という質問をすることも大切です。これは決して意地悪な質問ではなく、安いのには理由があるはずで、担当者の力量を試す最適な手段になります。**

分からない場合は調べてくれますし、分かる場合はきちんと説明してくれることでしょう。ここで隠しごとをするような担当者とは、良好な関係を築けませんから、早々に見切りをつけるべきです。

■担当者は運命を握る

担当者を見極めるための大事なポイントを改めてまとめます。

・物件の良いところだけでなく、悪いところにも気付いて教えてくれる。また、気付こうとしてくれる。

・イエスマンではなく、客観的に対立する意見も言ってくれる。

・質問に対する回答が的確で、説明が分かりやすい。

・依頼者の話に熱心に耳を傾け、真の希望条件を引き出してくれる。

・気兼ねなく何でも話せるような間柄を築ける。

以上の点に注意しつつ、最良のパートナーを探し出してください。とくに、日本のビジネスマンはイエスばかりでノーと言えないタイプが多いので、お客さまに合わせるため内心とは逆のことを伝えてくる担当者がいるかもしれません。

そのようなイエスマン担当者に当たらないためには、こちらから頻繁に質問や確認を投げかけることが大切です。

たとえば、**時間を空けて同じ質問をあえてしてみて、同じ回答をしてくれるかどうかをチェックしてみると判断材料**になります。その場しのぎの都合のいい返答をする担当者であれば、理想の物件を探す良きパートナーになってくれる可能性は低いので、変える方がいいでしょう。

「不動産業者に担当者を変えるよう伝えるのは気が引ける」と感じる方もいるようですが、全く気にすることはありません。不動産業者のあり方として、従事している担当者は全員同じ能力を有しているという前提があります。あとはもう購入検討者との相性の問題ですから、相性が悪ければ他の担当者へスムーズに変更するのは業者としては当然の処置です。

不動産業者は、自分たちが購入検討者の運命を握っていることを承知しています。担当者次第で出会う物件やローンが全く異なるわけですから、人生の明暗を左右するといっても過言ではありません。**良し悪しを見て見ぬふりをする、そもそも見えていない担当者では、不安が募るばかりです。**

理想の物件に出会うためには、まず理想の不動産業者、そして理想の担当者と巡り会いましょう。これが成功する家探しへの正攻法です。

5 不動産業者に関する「ここだけの話」

■「仲介手数料無料」の実態

「仲介手数料無料」をアピールした不動産広告を見かけたことがあるかと思います。また、「無料」の文言に惹かれて、家探しに本腰を入れるようになった方もいるかもしれません。

無料は確かに魅力的ですが、なぜ無料にすることが可能なのかをご存じでしょうか。

仲介手数料は、不動産業者にとっての売り上げです。それが無料となってしまったら、不動産業者はボランティア活動をしていることになります。

もちろん、そんな訳はありません。ここでは仲介手数料無料がなぜ実現できるのか、その実態をこっそりとお教えしましょう。

不動産の取引のうち、「3者取引」は売主（新築であれば宅建業者など、中古であれば現在住んでいる方）から直接依頼を受け、買主を探している物件の取引になります。

ですから、不動産業者は売主と買主の両者から仲介手数料を取ることができるため、一挙両得というわけです。

一方の「4者取引」の場合、売主と買主それぞれ別の不動産業者がサポートに付いているため、仲介手数料は一方側からのみ受け取れることになります。

このような仕組みがあるため、不動産業者は3者取引の物件を買主側のみ手数料無料にし、売主側からは手数料を受け取るという運営が可能になります。手数料無料は買主にとって絶大なインパクトを与えますから、3者取引物件は不動産業者にとって武器となります。

とはいえ、売主から直接依頼を受けて公開している3者取引物件というのは、取り扱い物件全体に比べたらごく少数です。多くは4者取引物件となります。

しかし、業者によっては手数料無料のアドバンテージを生かせる3者取引物件ばかり推奨し、4者取引物件をさほどアピールしないケースがあります。もしかしたら4者取引物件の方に、依頼者にとって最適な物件があるかもしれないのにも関わらず、です。

「紹介される物件数が少ない」

「やけにこの物件を良く（悪く）言う」

という疑問が浮かんだら、3者取引を狙っている業者かもしれません。

手数料無料の物件を吟味する際は、以上の点を十分に踏まえておきましょう。

もちろん3者取引物件の中にも素晴らしい物件はたくさんあります。ただ、できれば広い視点で家探しをしていただきたいので、3者取引だけでなく4者取引の物件も検討できるようにたくさんの物件を比較させてもらいながら話を進めていきましょう。

■「取扱物件数NO・1」の真相

不動産情報を掲載しているポータルサイトでよく「取扱件数最多!」や「物件数NO・1」というキャッチコピーを見かけます。

「たくさん物件を扱っているなら、いいものが見つかりそう」という期待が持てる魅力的なワードですが、実際のところさまざまなサイトで見かけることができます。どこが本当に「NO・1」なのか分かりません。というより、そもそも「NO・1」であることにあまり意味はないのです。

なぜなら、どこの業者も、存在する約8割以上の販売物件情報を取り扱いできるからです。ポータルサイトに掲載されている不動産情報は、「レインズ（国土交通大臣から指定を受けた不動産流通機構が運営)」「ふれんず(福岡県宅地建物取引業協会が運営)」「ATBB(不動産情報サービス会社のアットホームが運営)」といった不動産業者専用の物件情報サイトから、需要の高そうな物件を選定して掲載へと至っています。

よって、複数のポータルサイトに同じ物件が掲載されているのは自然なことです。ただし、物件の写真は各々の業者が撮影しているので、アングルは異なっています。

というわけで、**「取扱物件数NO・1」などの根拠は存在しません。そのようなことを第一にアピールしている場合は、少し身構えて接するようにした方がいいでしょう。**

■大手業者と中小業者の違い

不動産購入の相談窓口を担当していると、頻繁に受ける質問があります。

「大手の不動産業者と、地元に特化した中小不動産業者、どちらに相談したらいいでしょうか?」と、おそらく取扱物件数や何かあった時の保証面の不安からくるものです。

結論を先に申し上げると、大手も中小も規模は関係なく長所短所があり、一概にどちらが良いという断言はできません。結局サポートするのは担当者だからです。

私も以前は大手不動産業者に勤務していました。そのころお客さまに「なぜ当店を選んでくださったのですか？」と何度かうかがってみたところ、その主な理由は「よく聞く店名だから」「安心できそうだから」でした。

大手には確かに知名度に応じた実績と信頼があります。この点は長所といえます。

さらに大手の魅力を挙げれば、設備の充実も1つの長所です。ノベルティグッズがあったり、営業所に無料の自販機が設置されていて好きな飲み物が選べたり、相談時にお菓子が付いてきたりと、快適なくつろぎ空間の中で話し合いを進めることができるでしょう。

ただこれら設備の良さが、必ずしも良い結果に結びつくとは限りませんし、中小でも設備に力を入れている業者はたくさん存在します。

大手のデメリットとしては、費用や労力面でのおまけ的な相談が難しい点です。大手はお客さまごと平等なサービスを心がけるのが基本なので、すべてのお客さまに適用したキャンペーンを実施することはあっても、1人のお客さま限定で特別な計らいをすることはまずありません。莫大な広告費・人件費をかけていることを考慮すれば、運営やノルマ達成のため仕方がありません。また、反響が多い故に、「じっくり」より「今すぐ」探す方が優先されるかもしれません。

一方、地元に根付いた中小の不動産業者は、費用や労力面での相談はお客さまごとに対応してくれるケースがあります。

大手スーパーマーケットが会計時におまけをしてくれることは滅多にありませんが、地元に根付いたお肉屋さんやお魚屋さんでは、会計の端数を切ってくれたり少し量を増やしてサービスしてくれたりすることがあると思います。これに近いことが、地元の不動産業者なら多少は期待できるかもしれません。

中小業者は少ない人員で運営しています。担当者のすぐ後ろに社長が付いていることもあるので、風通しが良く、規律にとらわれない柔軟な対応が期待できます。これが最大の魅力です。しかし、人数が少ないために待たされてしまうこともあるでしょう。

さらに気を付けなければいけない点もあります。地元特化の不動産業者は「街のことをよく知っている」のです。一見、良いことのように感じますが、「よく知っているからこそ、悪い部分をあえて伝えようとしない」可能性も含んでいます。すべての地元の不動産業者がそのような意図を持っているわけではありませんが、街の良いところばかり挙げる業者に対しては警戒が必要となるでしょう。やはり結局は担当者が重要です。

大手と中小について、保証能力の違いにも触れておきましょう。

万が一のトラブルが発生した際、十分な保証を得られる可能性は、基本的には相違ありません。

各不動産業者は、「不動産保証協会」や「全国宅地建物取引業保証協会」といった保証協会に加盟しています。たとえば、万が一のトラブルとして、不動産業者に預り金を持ち逃げされ、一切連絡が取れなくなってしまったとしましょう。この業者が保証協会に加盟していたら、所定の手続きを経ることで、持ち逃げされた預り金を取り戻すことが可能です。もし、保証協会に加盟していなかったら、泣き寝入りという最悪の事態も考えられます。

ですので、とくに小さな不動産業者と取引をする際には、万が一に備えて保証協会に加盟しているかどうかを確認しておくとよいでしょう。保証協会のホームページの加盟店検索で業者名を入力すれば、簡単に確認できます。

ちなみに大手の場合、保証協会へ加盟せず法務局へ保証金を預託しているケースがほとんどです。

他には、人数の多い会社の場合、後日に発覚したトラブルを、引き継いだ別の方が対応することもあります。また、1人のお客さまに対するありがたみに欠け、お客さまを選んでしまっているかもしれません。

第3章まとめ

☑ 良い物件とローンに巡り合うには、サポートする不動産業者が鍵となる。

☑ 照準が「目先の契約」ではなく、「依頼者の未来」に合っている担当者を見つける。

第4章

失敗しない住宅ローンの選び方

1　融資の流れ

■住宅ローンは家探しと並ぶ重大イベント

買う家を決めるということは、これから先、**長い年月をかけて毎月支払っていく金額を決めることでもあります。**現金一括で家を購入する方はほんの一握りであり、多くの方が物件購入とともに金融機関から融資を受け、住宅ローンを組むことになるのです。

どこから融資を受けるのか、どのくらいの金額を借りるべきなのか、これらの選択は非常に大切であり、**家探しと並ぶ今後の人生を左右する大きなイベントの1つ**になります。

住宅ローンについても物件と同様、信頼できる不動産業者の担当者とよく話し合って決めましょう。決して担当者に任せきりにするのではなく、希望を伝え、いくつかのプランをシミュレーションして絞っていくことが肝心です。

融資の流れについて簡単に説明します。

①融資先検討～事前申し込み～事前審査～事前承認

購入したい物件が見つかったら、住宅ローンを契約する金融機関を探す段階に入ります。不動産業者が、申込者にとって適した金融機関をいくつかピックアップし、提案するのが一般的です。多くても10程度です。

都市銀行・地方銀行・信金・ネット銀行などの中から、金利・保証料・保険といった条件や、申し込みから融資に要する期間などが、ご自身に見合いそうな住宅ローンを不動産業者と話し合い、その中からさらに自分に適している金融機関を絞り込んだら、まずは事前申し込み（仮申し込み）を行います。人によって数の差はありますが、だいたい5程度がいいでしょう。

事前申し込みを受けた金融機関は、申込者が融資を受けるのに適しているかどうか簡易な審査を行います。これを事前審査（仮審査）と呼びます。審査の基準は非公開なので確かなことはいえませんが、物件の担保価値（万が一のときに物件を差し押さえて販売したときの価値）や申込者の勤続年数や年収、すでに他から借入を受けているかなど、それぞれの表面的な数字を見て判断することが多いようです。

つまり、申込者は事前申し込みに当たって、担保価値や自身の経歴を証明できる資料を提出する必要があります。**身分証明書**（免許証や保険証）、**収入証明書**（源泉徴収票や課税証明書や確定申告書など）、物件資料や他に借入がある場合はその書類などが該当します。

事前審査は、採用試験でいうところの書類選考に近いです。早い金融機関だと2日程度、遅くても10日程度で事前審査が完了し、返事があります。無事に通れば事前承認（仮承認）となります。

購入する物件に胸を膨らませながら、日々の生活の傍ら行っていくことなので、事前審査の手続きは迅速かつ効率的に進めていきます。不動産業者に相談し、スムーズに進める方法を都度尋ねるといいでしょう。不動産業者には、真実を慎重に過不足なく伝えましょう。**うっかり記載ミスや告知漏れがあると、金融機関の心証が悪くなってしまいます。**

②本申し込み〜本審査〜本承認

事前承認してもらえた金融機関の中から、さらに絞って本申し込みを行います。

ここからが本番です。住宅ローン契約が結べるかどうかの正念場であり、断られたらお金を借りることはできず、家を購入することもかないません。不備のないよう、慎重に進めていきましょう。

本申し込みに当たって提出が必要な資料としては、具体的な物件資料、住民票、印鑑証明書、課税証明書、実印、不動産の売買契約書一式などがあります。かなり多くの資料が必要となるので、1人で抱え込まず、家族や不動産業者、さらに金融機関担当者とも連携して進めていくようにしましょう。分からないことや悩むことがあったら、すぐ相談を心がけてください。

本申し込みを受けた金融機関は本審査を行います。

本審査も非公開なので確かなことはいえませんが、勤務先の情報や過去の滞納歴などの個人信用情報も調査するようです。現在の借入の有無などについても確実に情報が把握されるので、本申し込みに当たっては虚偽の報告はもちろん、忘れていて記入漏れがあったりしても金融機関の心証が悪くなるので避けましょう。

書類上での審査となりますが、採用試験でいうところの、いよいよ最終面接となります。早いところだと1週間程度、長いところでも2週間程度で返事があります。本審査に通れば本承認。融資が晴れて決定します。

なお、物件の契約書には承認期日が設定されていて、この期日までに本承認となりローンが通っていないと、契約は破棄されすべてが無に帰すことになります。またこのとき、

第4章

これまで紹介してきたようなローンを通すための努力をしていなかった場合は、契約違反にもなりかねないので注意が必要です。

きちんと申し込み手順を踏み、不動産業者や金融機関と連絡を取り合い、必要な資料を十分に提出できていれば、とくに問題なくクリアできることでしょう。

③金銭消費貸借契約

長い名前の契約ですが、要するに「貸主は金銭を貸し、借主は借りた分の（利息も含めた）金銭を返済していく」ことを約束する書面になります。

融資額は、いわばお金のプロから「返済できる」と認めてもらった金額になります。堂々とした気持ちで受け取り、これから返していくことを心に誓う契約の場でもあります。同時に、これでいよいよ物件が自分のものになるんだという充足感や期待感に包まれる瞬間でもあります。

④融資実行

物件の引き渡し日当日、契約に従い融資が実行されます。金融機関から契約者の口座へ入金が行われます。しかし、これはほんの一瞬の出来事であり、すぐさま物件売主などへ支払うことになります。これで融資は完了です。

■最適なプランは千差万別

ほとんどの金融機関が一次二次の門を設け、審査に時間をかけます。**審査基準は基本的にはどこも似ていますが、細かく見ると微妙に違っていて、**申込者の属性によって最適な住宅ローンは異なってきます。不動産業者とも相談しつつ、よく吟味して金融機関を絞っていくようにしましょう。

金融機関といってもその数は本当にたくさんありますし、各金融機関が扱っているローンの返済プランにもさまざまな種類があります。

自分にとって最適な住宅ローンを選定する方法については、これからくわしく説明していきます。

2 借りられる額の目安

■吟味される2つの材料

実際に借りられる額は、年収の6～8倍程度が上限目安といわれています。しかし、上限額の設定は金融機関によってまちまちですし、年収以外にもさまざまな項目を加味し総合的に判断され、承認の可否が決定されます。

融資額を決定する要素については、融資の流れでも触れたところですが、改めてまとめると大きく次の2つとなります。

①物件の担保としての価値

②ローン申込者の属性（信用性）

住宅ローンの支払いが完了するまで、物件は担保として設定されています。使用や売却は可能ですが、いずれにしろ担保付きであることは大前提となります。物件に担保としての価値がないと判断された場合、当然ですが金融機関は融資を実行してくれません。

申込者の属性とは、勤務先や勤続年数や年収、他のローンの有無などを最重視する金融機関が多いです。

勤務先は、会社の安定性や業種が見られます。開業したばかりの会社はリスクが高いと判断され、審査が通りにくい傾向にあります。公務員や大企業の場合は、安定性が高いと判断され通りやすいです。

勤続年数は長ければ長い方が好印象です。継続性のある人の方が、安定してローンを返済していってくれることが見込めるからです。

これら2つがボーダーラインを超え、事前審査をクリアできたとして、金融機関がローン上限額を決定付ける目安は何かというと、次に紹介する返済比率です。

■返済比率で分かる借入額の上限

返済比率は次のように算出できます。

返済比率（%）＝（住宅ローンの年間返済額）÷（年収）×100

住宅ローンの年間返済額については、「ローン電卓」を用いることで簡単に算出できま

表4－1　銀行別返済比率の比較

	年　収	融資可能な返済比率
A銀行	400万円未満	30%以下
	400万円以上	35%以下
B銀行	100～300万円未満	20%以下
	300～450万円未満	30%以下
	450～600万円未満	35%以下
	600万円以上	40%以下

す。インターネットで検索すれば、他にも計算ツールが見つかりますし、最近ではアプリもたくさん出ているので参考にしてみてください（金利は1％など、実際に該当する数値を入力してみてください）。

たとえば、年収400万円の申込者がローン電卓を用いて計算したところ、月々の返済額が8万円になったとしましょう。年間返済額は96万円ですから、返済比率は次のようになります。

返済比率＝96万円÷400万円×100＝24％

これら年収ごとの返済比率上限は、金融機関やローンのプランによってかなり異なります（表4－1）。

たとえば年収400万円、返済期間35年で申し込む場合の、A銀行とB銀行の融資上限額を算出してみましょう。次の計算方法で簡単に算出することができます。

融資上限額＝年収×融資可能な返済比率×返済期間

【A銀行の融資上限額】
400万円×35％（0・35）×35年＝4900万円
【B銀行の融資上限額】
400万円×30％（0・30）×35年＝4200万円

したがって、A銀行の方が甘めの判断基準といえるでしょう。
このように、自身の年収と、金融機関の返済比率の目安を把握していれば、借りられる額の上限を知ることができます。なお、金利は3・5％など高めに計算されることもあります。

■「借りられる額」ではなく「返せる額」で決める

物件を購入検討している方の中には、**借りられる額**の上限目安を把握してから、上限ギリギリの物件を探す方もいます。

しかしこれは危険な考え方です。

借りられる上限の額は、金融機関が「この額なら返済が可能だろう」と見込んだ上で弾き出された額であることは間違いありません。しかし、それと同時に金融機関は「もし万が一返済が困難となっても、担保としている物件を差し押さえればいい」というリスクヘッジをとっています。

つまり、**「借りられる上限額」は「債務者が必ず返済できる額」と同等ではありません。**

ローンの月々の支払いに生活費を圧迫されてしまい、住まいはゴージャスなのに生活ぶりは質素、という方を実際に私は見聞きしてきました。**強気に高額物件を手に入れたばかりに、旅行やおいしい食事といった人生の楽しみの回数を減らしてしまうことは本末転倒だと思います。また、質素どころか困窮の末に住まいを手放すことになってしまう、という悲しいケースも知っています。**病気やけがで仕事ができなくなってしまうかもしれません。

家族構成や将来設計、趣味や生き様、生活スタイルは人それぞれです。計算がしにくい項目であり、金融機関もそこまで精密な計算をした上で貸す額（＝返せると判断した額）を決めているのではありません。

借りられる額の上限まで借りる必要はありません。無理のない、返せる額を借りるべきです。

物件購入検討者のサポートに付く際、ローンに関して私は次のようにアドバイスしています。

「住宅の他にも、贅沢な食事や思い出に残る旅行やレジャーなど、人生の楽しみ方はたくさんあります。また、急な物入りというのはいつ起こるか分からないので、手元に余裕資金を残しておくことも重要です。心と体と家族関係、すべて健全な状態を保てることを前提に、借りられる額ではなく返せる額を計算しましょう！」

目安として、年収４００万円未満の方は返済比率が25％前後、年収４００万円以上の方は30％が安全といえるでしょう。

安住の地を手にした後の、ローン返済途上に身を置いている心境を、自身の性格や過去の経験に基づいて、想像してみるといいでしょう。

ローンの支払いが心配で趣味を心から楽しめなくなりそう、無理して節約生活をしてストレスを溜めそう、というイメージが湧いたのなら、物件のグレードを多少落として、余裕を持った返済比率での借入をお勧めします。

具体的なアドバイスとしては、年収に対して最大返済比率の借入をするのではなく、5%程度落とすことで、ゆとりのある返済を行うことができるでしょう。

とはいえ、5%下げてしまうと物件予算が減るので、お気に召す物件の数が急激に絞られてしまう可能性もあります。気に入った物件が見つからなければ、返済比率をもう少し上げて再度物件を探してみるといった手間は必要となるでしょう。

「物件のグレードは決して下げたくない」

「住まいには妥協したくない」

「自分は家にいるのが好きだから住宅にお金をかけたい」

といった方は、返済比率を最大に設定して物件を探してみるといいでしょう。年収に見合った最大限の理想的な物件に出会うことがかなうはずです。

なお、「手付金・頭金・リフォーム代・諸費用」などへの、**自己資金（貯金）から捻出する出費がある場合に、毎月の返済額を減らしたいために手元の貯金を出しきる方がいます。借入額をギリギリにして貯金ゼロでは、生活費に影響を及ぼしてしまい「幸せな生活」とかけ離れてしまいます。**本末転倒にならないよう、ご注意ください。

3 金融機関や返済プランの存在と選び方

■一時的な支払いにも注目する

住宅ローンは金融機関によって多くのプランが存在します。「物件代金は融資可能、リフォーム代は融資不可」「自己資金が20％以上必要」といった細かい条件が付与されているものもあります。これら条件をクリアしていなければ、返済比率に関係なく融資が受けられませんので、詳細を不動産業者や金融機関担当者と確認しましょう。

家探しと同様に、**自身に適した条件を踏まえて、融資可能な金融機関を探す必要があります。**たとえば、「中古」「マンション」「リフォーム有り」「自己資本は5％」の条件で、対応できる金融機関を絞っていくということになります。

事前申し込みは5社程度がちょうどいいでしょう。このときまだ候補が5社程度まで絞り切れていないのであれば、さらなる絞り込みとして、金融機関や関連機関へ支払う一時的な費用も考慮に入れましょう。

一時的な費用には次のようなものがあります。

●保証料

返済ができなくなった際に、ローンを肩代わりする保証会社へ支払う費用です。一括払いのものや、金利に上乗せして分割で支払ってくものなど、支払いプランはいろいろあります。

金融機関により異なるので一例の目安ですが、借入1000万円に対しておおよそ2万3000円（金融機関により異なります）の保証料となります。3000万円の借入なら、69万円の保証料という計算になります。

●事務手数料

融資に当たって金融機関へ支払う手数料で、5万円＋消費税が目安となります。後述しますが、店舗型の金融機関よりもインターネットを基軸としたネット銀行の方が手数料は安い傾向にあります。

●団体信用生命保険料

返済中に借主に死亡や重度の障がいといった不測の事態が起こり、返済が不可能となった場合、残りのローンが全額弁済される保険のことです。加入する際は保険料を支払います。加入は任意のものが多いです。金利に上乗せされるタイプが多いでしょう（＋0・2%など）。

各費用は金融機関によってさまざまなので、きちんと合算して比較しましょう。

とくに団体信用生命保険料は、金融機関やローン返済プランによって内容が異なるため、自身に合っているものを選ぶ必要があります。

すでに他の生命保険に加入している場合は保障内容が重複し、月の支払いが余計にかかってしまう可能性もあります。保険を整理するいい機会と考え、家探しと並行して見直していくといいでしょう。

いずれにしろ、心強いプロのサポートは不可欠です。不動産業者や金融機関とよく相談し、シミュレーションを重ね、自身にマッチしているものを探していきましょう。

■固定金利か変動金利か

「金利は固定型がいいですか、それとも変動型がいいですか？」

住宅ローンを選定していく際に頻繁に受ける相談です。

まず基本的なところを押さえておくと、固定金利プランは、約束した期間は指標金利が上昇しても下降しても、一定の金利にてローンを支払います。つまり支払い額固定のプランです。

対する変動金利プランは、指標金利と連動し、上昇も下降もします。支払い額は5年ごとに見直されるのが一般的です。ただし、1度の変更で急激に支払い額が増加すると家計破綻の可能性が高まるため、1度の上昇上限は1・25倍までとされています。

簡単な例を挙げておくと、固定金利プランなら1％で固定、変動金利プランなら0・5～1・5％の間を指標金利に応じて変動する、といったプランになります。

指標金利が低いまま推移していけば、変動金利プランの方が支払い総額は少なく済みますが、もし上昇し続けてしまえば、固定金利プランの方がお得だったということになります。

金利動向は経済全体の動きに委ねられているので、先読みしにくく、いわばギャンブル要素を含んでいます。とくに今は、固定金利も変動金利も低い水準が続いています。ですから、「固定金利か変動金利か、どちらがいいか」と尋ねられても、私の方では確実な正解を述べることはできません。

私から伝えられるのは「**考え方や性格次第**」**である**ということです。

計算できる安心感を得たいなら、固定金利プランを断然推奨します。少々のギャンブル性を受け入れ、もし仮に金利が上昇しても平静を保てる性格の方でしたら、変動金利プランをお勧めします。

固定金利か変動金利かは、突き詰めれば賭けのようなものであり、最終的な判断は各人の好みということになります。

■ネット型銀行か店舗型銀行か

最近では店舗を持たない形式で運営されているネット銀行も増えています。

ネット銀行を利用するメリットは、店舗を持たない分、運営費が少なく済むことから、**金利設定や保証料などの費用が低い傾向**にあります。

デメリットとしては、面と向かった親身なサポートが少ない分、手続きの多くを自身で率先してやらなければいけません。

ネット銀行は今後もサービスが拡充され進化されていく、期待が持てる新しい仕組みです。煩雑さが解消され、さらに手軽にリーズナブルな費用で住宅ローンを組める可能性も秘めているので、「ネット銀行は面倒そう」と決めつけず、検討するようにしましょう。

ネット銀行に相対するのが従来の店舗型金融機関です。都市銀行や地方銀行、信用金庫などが該当します。

店舗型は有人対応のため、敷かれたレールに沿って進行するのでスムーズです。ストレスや労力を最小限にしてローンを組むことができます。ただしサービスが充実している分、**ネット銀行と比較すると金利や保証料は高めの設定となっている傾向**になります。

ネット銀行にするか店舗型金融機関にするかは、料金を取るかサービスを取るかの違いといってもいいでしょう。また、ネット銀行は店舗型よりも融資までに時間を要する傾向があります。不動産売買契約・引き渡しまでに間に合うのか確認してください。

長期的な観点でいえば、ネット銀行の方が手間と期間はかかりますが価格は安いのでお得になります。とはいえ、仕事や家事の合間にネット銀行を調べ、申請手続きを取りまとめるのは一苦労で、ストレスの源にもなります。

ストレスなくやっていくことが一番なので、まずはネット銀行に挑戦してみて、手続きが大変できついと感じたら、大方の作業を委任できる店舗型金融機関に目線を切り換える、といった方針で進めていってもいいでしょう。ネット銀行も視野に入れるかは、不動産業者に相談してみるとよいでしょう。

■単有名義か共有名義か

夫婦共働きが当たり前の時代になるにつれ、住宅ローンを夫婦両名による共有名義で組むケースが増えてきました。いわゆる「ペアローン」というものです。

独身の方や働いている方がおひとりの場合は、単有名義になることがほとんどですが、夫婦どちらも働いている場合、単有名義で借りるか共有名義で借りるかは協議の必要があります。出資額に応じて持ち分を設定します。

私のお勧めとしては、共有名義で組めるのであればした方がいいと思います。収入、借入額にもよりますが、住宅ローン控除などの各減税制度が2人分利用できるからです。このメリットはかなり大きいといえます。長期的目線でいえば、相続時の課税制度の負担が

第4章

やわらぐというメリットも存在します。

デメリットは、登記費用など各手数料が2名義分の割り増しになる点がまず挙げられます。

他に、万に一つの話ですが、夫婦が離婚する場合、売却には手間がかかります。名義のどちらか一方の勝手な判断で処分することはできないからです。離婚の際にはきちんと話し合いの場を設ける必要があるでしょう。

■困ったら専門家に頼ろう

他にも、ボーナス払いをするか、元利均等返済にするか元金均等返済にするかなど、返済プランは多岐にわたります。

これらは人それぞれであり、また時代の流れによっても大きく変わっていきます。最新の情報や意見を取り入れたいなら、専門家に頼るのがベストといえるでしょう。ファイナンシャルプランナー（FP）など、お金のやり繰りに詳しい専門家にサポートに付いてもらい、都度相談することで、費用と労力を抑え、自身に合った最適な返済プランを組むことができます。

専門家への委託には一定の費用がかかりますが、トータルで見ればプラスの利益をもたらしてくれるはずです。

専門家を選ぶ際は、第三者の客観的な立場で意見してくれる方を頼りましょう。不動産業者の紹介で取り次いでもらった専門家は、業者と結託している可能性があるからです。

信頼できるFPがまわりにいらっしゃらない場合、インターネットなどで探して2〜3名に相談し、整合性を図るのがよいでしょう。

4 融資時の心構え

■絶対に気を付けたい2つの誘惑

金融機関に相談へ行くと、融資可能額の上限ギリギリを提案してくる場合があります。**融資可能額が多いということは、より条件のいい家に住めるという魅力がありますが、ここも冷静な気持ちでの対応が必要です。**

中には、なるべく高額を貸し付けたがる金融機関担当者もいます。なぜかといえば、高額を貸せばその分利息も増え、彼らの利益も増すからです。借主の返済力を熟考せずに、無理な金額を貸してしまい、最悪返済が滞ってしまうことも考えられます。この場合、借主は住宅ローンを組んで手に入れた物件を泣く泣く手放すことにもなりかねません。

ですから、「こちらからこれだけの額をお貸しできます」という上限額を提示されても、そっくりそのまま鵜呑みにするのではなく、「月々の支払い額に無理がないか」「自分の生活スタイルにマッチした返済プランになっているか」を冷静に考え、最終的な判断を自身で行うようにしましょう。

また、ローンというものは、一般的に「**金利が高いほど審査が甘い**」という反比例の関係になっています。

不動産業者は、とにかく物件を買ってもらわないことには会社の利益につながらないため、何としても購入検討者にはローン審査をパスしてもらわないといけません。そこで業者は、審査の甘いプラン、すなわち金利の高いローンを紹介してくるケースも考えられます。このときの購入検討者側の心境としても、「とにかく審査が通れば何でもよい」という気持ちに陥りがちなので、一度深呼吸して、冷静な気持ちで状況判断をしてほしいのです。

「お客さまならこれだけの額が借りられます」といった金融機関の誘惑と、「お客さまに最適なローンはこちらです」といった不動産業者の誘惑には、どちらも即答するのではなく、「一度持ち帰って検討させてください」と間を置くようにしてもよいかもしれません。

この心構えを持っておくだけで、長きにわたって返済することになる月々の支払いが軽減されるかもしれません。一生に数度の、もしくは一度きりの大きな買い物なのですから、慎重に検討を重ねましょう。

■冷静な気持ちで望む

家探しの楽しさに比べると、住宅ローンの選定作業はお金の計算や制度についてなど煩雑な部分も多く、つまらなくて苦痛と感じる方も多いと思います。

「いろいろと面倒くさいし、ローンのことは業者任せにしようかな」

と、どうしても楽な方を考えがちになりますが、ここでどうか冷静になってほしいのです。

借金はなるべく少なくする方が、心と体、そして夫婦関係にもやさしいと感じます。

将来借金の返済に追われて苦しい毎日を送ることになるよりは、今少しだけ苦労をして、心身と夫婦関係にやさしい返済プランを立てる方が、将来の家族の健康を考える上では大切です。

決して、**業者任せの言いなりになる選択肢は避けましょう。業者が悪意を持ってわざと高いプランを提案する、なんてことはまず考えられませんが、申込者の属性を十分に考慮せず、マッチしていないプランを勧めてくる可能性は考えられます。**

候補探しは業者に一任しても、最終的な吟味と絞り込みは自身の手で行うようにしてください。**仕事もある中で大変ですが、数十年後に笑っていられるために、数週間はがんばってください！**

第4章まとめ

- ☑ 金融機関の審査は事前審査と本審査が存在する。
- ☑ 借りられる上限金額と返せる金額は人によって異なる。
- ☑ ネット型銀行と店舗型銀行が存在する。
- ☑ 任せきりにしない。

第5章

失敗しない中古物件リノベーション

1 リノベーションの基礎

■リフォームとリノベーションの違い

本章は、中古物件の購入を検討している方向けの話になります。

リフォームやリノベーションには、**不動産業者が自社で施してから転売する「リフォーム再販」と、買主自身で施工業者に依頼する「オーダーリノベーション」があります。**オーダーリノベーションの詳細については次節で説明します。

中古物件の中には、リフォーム済みやリノベーション済みのものが多くありますが、そもそも、リフォームとリノベーションにはどのような違いがあるのでしょうか。

簡単にいうと、リフォームは不具合箇所の修理や交換を主にした施工のことで、マイナスだったものをゼロの状態へ戻すことを意味します。

一方、リノベーションは修理や交換に加え、いくつかアレンジをかけて、今風のデザインにしたり、機能を充実・強化させたりすることを意味しています。マイナスだったものをゼロにし、さらにプラスへと施す作業です。3DKを2LDKに変えるなど、間取りの変更にも対応できる場合があります。

たとえば、トイレにリフォームをかける場合、トイレの便器や便座やタンクを新しいものに交換し、床と壁紙も一新します。一方トイレのリノベーションなら、リフォームと同じような修理と交換にプラスアルファして、壁の一面にアクセントとして珪藻土《けいそうど》を塗り、デザイン性や吸湿消臭性を向上させることができます。さらに壁の一部をへこませて囲いを設け、絵画などの小物を設置し、LED照明をあててムードを演出する、といった工夫を加えることもできるでしょう。

リフォームでもデザイン性を重視することが可能ですが、リノベーションではよりデザイン性を追究し、手間ひまをかけて以前のものよりも数段ランクアップさせたものに仕上げることが可能なのです。

ただ、双方の言葉に明確な定義というものはありません。**リフォーム会社やリノベーション会社はたくさんありますが、その確かな境界線というのは存在しないのです。**修理と交換だけをしてくれるリフォーム会社もあれば、リノベーションに近いことをしてくれるリフォーム会社もあります。

■リノベーションのメリットとデメリット

リノベーションの最大のメリットは、なんといっても**見た目や香りや雰囲気が新築のようになる点**です。加えて、新築よりもコストがおおよそ3分の1程度で済む点も経済的に嬉しいメリットです。

さらなるメリットとしては、リノベーションによって、不動産の**価値が上昇する**ことが挙げられます。長く住み続けた物件にリノベーションを施したところ、購入時とほとんど変わらない価格で売却できたというケースもあります。つまり、リノベーション費用だけの支出で済み、購入資金を回収できたということです。

もちろん、**物件の立地や時代背景も関わってくるでしょうが、資産性の向上という点でリノベーションには大きな意味があります。**

逆にデメリットとなるのは、リノベーションを施してもあくまで中古であるという点です。**寿命は新築よりも短く、修繕を要する時期は間近に迫っている**といえます。リノベーション物件を購入する際は、この点に十分配慮しておきましょう。

相当年季の入った物件の場合、さほど時間の経たないうちに取り壊すことになる可能性もあります。安いからといって安易に飛びつくのは危険です。**今、5年後、10年後、20年後と、ご自身の年齢なども加味し、広い視野で考えてください。**

2 自分好みの物件に変身させる——オーダーリノベーション

■時代の追い風に吹かれている

昨今の金融事情や中古物件の増加から、不動産購入と同時のリノベーションであれば、リノベーション費用も住宅ローンの金利と同等で融資を受けられるケースが増えてきました。この点は、オーダーリノベーションをより多くの方に推奨できる追い風となっています。

新築物件を買いたいと探している方も、新築物件だけでなく、オーダーリノベーションを施す前提で中古物件を探すことも視野に入れてみると、より理想的な条件で家を手にすることができるかもしれません。

ただし、注意するべき点があります。**物件によっては構造上の問題や規約の設定により、施工してはならない部分や使用できない材料が存在する**ので、オーダーリノベーションが

第5章

可能かどうかは、しっかり事前確認を取るようにしましょう。購入後にリノベーションを施せないことに気付いても、後の祭りとなってしまいます。

■オーダーリノベーションのメリットとデメリット

オーダーリノベーションは自身でさまざまな提案ができるので、好きな予算で好きな部分を、好きなデザインで施工できる点が最大の魅力となっています。

デザインを考えるのは非常に楽しく、自身のアイデアが盛り込まれた家には、**より一層の愛着を持って住むことができます。**

また、不動産業者がリノベーションを施してから再販している物件は、1社が間に入っている分、価格が高い傾向にあります。対してオーダーリノベーションの場合は、直接施工業者とやり取りしている分、比較的低コストで済むのがメリットです。

オーダーメイドのスーツや靴などを利用したことのある方なら分かると思いますが、この世にたった1つの自分好みのものを創作するのは、自信や安心など、精神的なメリットをたくさんもたらしてくれます。しかも低コストですから、家計にも優しいといえます。

一方、オーダーリノベーションのデメリットは、中古物件を購入するだけでなくさらにリノベーションの費用を要するという点です。両者の予算を綿密に計算してから、不動産や施工業者選びをする必要があります。

加えて、築年数が古い物件を選んでしまうと、せっかくリノベーションを施しても、すぐに取り壊すことになってしまいます。**残存年数など物件の詳細を把握し**、施工業者とも十分に打ち合わせしてから物件を絞っていくようにしましょう。

また、**不動産が自分の名義になっても、リノベーションの施工が完了するまでは居住できない点もネックとなります**。施行中は以前の住居に住み続けたり、仮住まいを探しておいたりしなければいけません。この点もあらかじめ把握し、施工完了の時期を踏まえつつ、引っ越しなどの手続きをプランニングしておくべきです。

もう1つは、決定事項が多いことが挙げられます。**1つ1つを決めていく際に「どんなデザインにしようか」とその都度迷ってしまい、なかなか決まらないこともあります。**

ご夫婦で依頼を出す場合は、両者の希望をまとめないといけないのですが、これが思うように運ばず、家庭内で小さなバトルが勃発してしまうケースも過去に私は見てきました。

デザインの下書きは、長引けば長引くほど安住の地を手にする日が遠ざかってしまいます。アイデア提出の締切日を決めておき、よく話し合って詰めていく余裕を作っておくよ

第5章

うにしましょう。

ここで過去のリノベーション事例をご紹介します。デザインの方向性を決める際の参考にしてください。

《リノベーション事例――8つのテイスト》

①**古民家風**：心が落ち着く、高級な質感の和モダン。

②**西海岸**（ビーチ）：アメリカ西海岸の太陽の日差しや海辺をイメージ。

③**南フランス**：古いレンガや石やタイルとアーチなど、おとぎ話のような空間。

④**インダストリアル**：工場や地下鉄といった、コンクリートタイル・鉄などの無機質な材と、木材のハーモニー。

⑤**ナチュラルオーガニック**：自然の風合いやぬくもりに癒される空間。

⑥**カントリー**：のどかな田舎のフレンチやアメリカンテイストの建物風。

⑦**ブルックリン**：レンガを基調として、倉庫やバルのイメージ。

⑧**北欧**：白を基調として、カラフルなアクセントのデザイン。

①古民家風

②西海岸（ビーチ）

③南フランス

④インダストリアル

⑤ナチュラルオーガニック

⑥カントリー

リノベーションのイメージはQRコードからご覧ください。

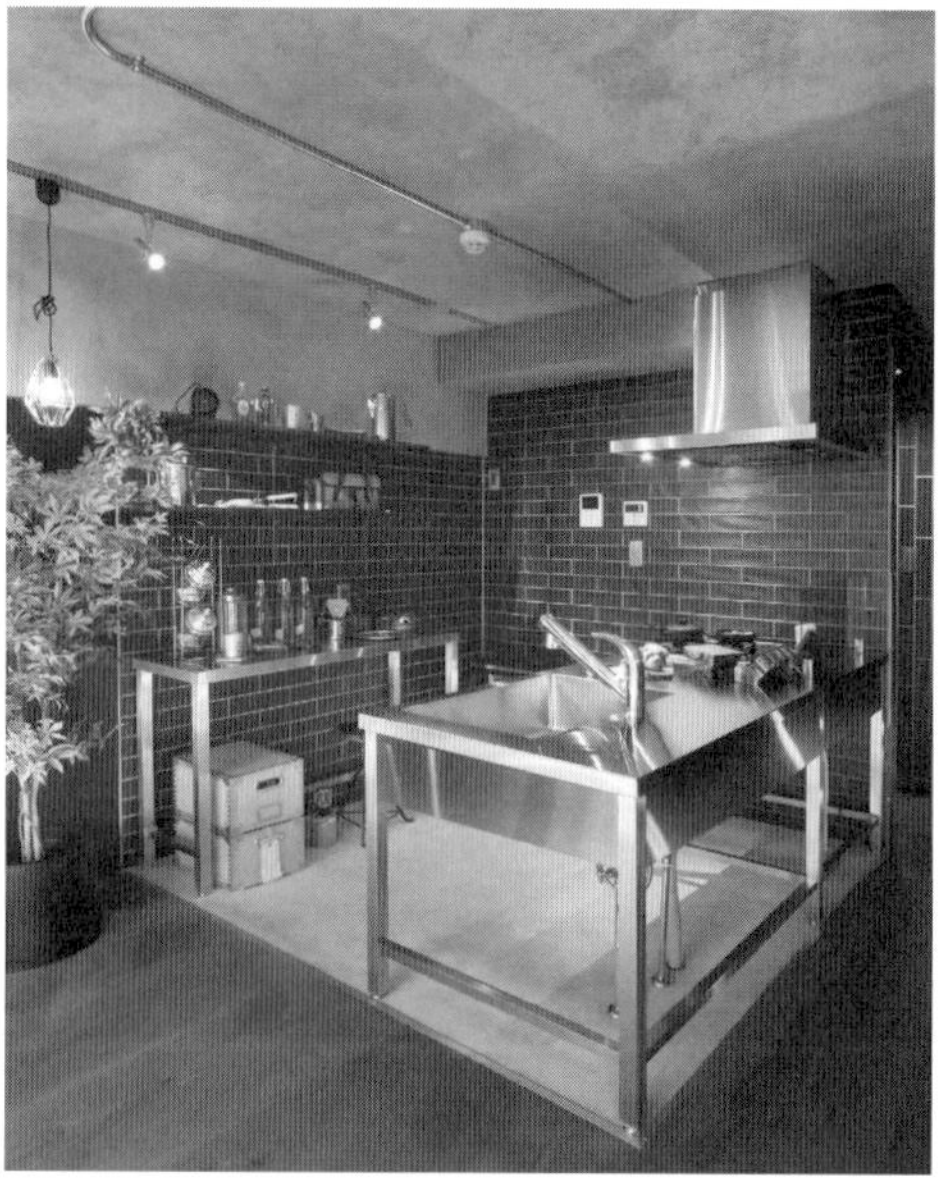
⑦ブルックリン

⑧北欧

他にもロココ調やモダンなど、数十種類が存在します。各々の特徴をミックスすることで、さらなるオリジナルテイストを生み出すこともできます。

3 オーダーリノベーションの費用と注意点

■おおよその費用

あくまでも目安ですが、各施工に伴う費用は次の表のとおりです。

表5－1　各施工の費用の目安

解体・養生	10万円から
床	1㎡当たり5000円から
壁（間取り）	1㎡当たり1000円から
電気工事	50万円から
キッチン	100万円から
浴室	100万円から
トイレ	30万円から
水道工事	60万円から
タイル	20万円から
施工業者への管理費や設計費など	100万円から

こちらを参考に計算すれば、おおよその費用が見えてくることでしょう。

さらにざっくり知りたければ、施工する面積（㎡）に10～20万円を掛けるとだいたいの費用が分かります。50㎡であれば、500～1000万円の費用で収まるという計算です。

より正確な費用を知りたいときは、リノベーション施工業者に見積りを依頼することで把握できます。

■オーダーリノベーションで気を付けたいこと

中古物件にリノベーションを施す場合、物件を紹介してくれる不動産仲介業者と、リノベーションを行う施工業者、大きく2つの業者と関わることになります。

お勧めなのは、不動産仲介とリノベーション施工の両業務を兼備している業者に依頼することです。このように一社完結型で行うと、リノベーションを前提とした不動産探しや金融機関選定ができます（図5－1）。

ちなみに、物件購入後、しばらく経ってからリノベーションを行う場合、ローンは住宅ローン金利より高いリフォーム用の金利が適用となることが多く、想定よりも多く支払うことになってしまいます。これを避けるためにも、円滑に話を進められる不動産仲介とリ

図5−1　１社完結型のリノベーション

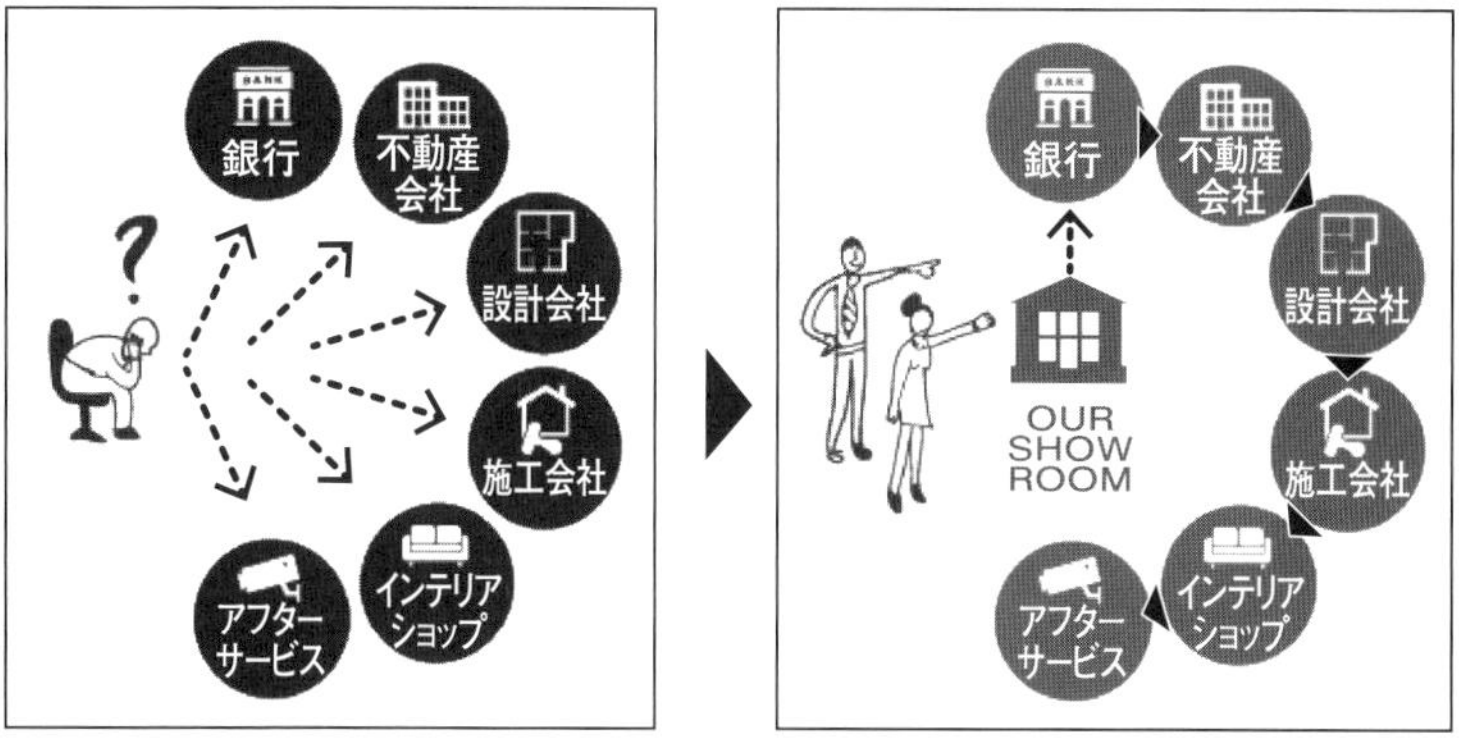

縦割りの業界構造ではどこに何を頼むのか分かりにくい。

「中古購入＋リノベーション」のワンストップソリューションだから最初から最後まで一社完結。

出典：リノベ不動産全国ネットワーク HP（https://beat0909.com/renovation/）

ノベーション一体型の業者に任せるといいでしょう。

リノベーションの施工内容を具体的に決めていく際は、施工業者と綿密な打ち合わせを行うことになります。このときにもいくつか注意点があるので、あらかじめ踏まえておいてください。

まず、ゼロから考えることは避け、施工事例を元に自身のアレンジを加えるようにしましょう。ゼロから考えるといろいろと悩んでしまい、発注までに多くの時間を費やしてしまいます。施工業者とスムーズにイメージを共有していくためにも、業者が過去に行った施工事例を基軸とすることをお勧めします。

リノベーションはデザイン性を重視したくなりますが、ときには実用性を取ることも重要です。お洒落さを追究するあまり、使い勝手の悪い不便な内装に仕上がってしまったら、心地よい住まいからはほど遠い場所で暮らすことになってしまいます。

デザイン性と実用性どちらも生かせるリノベーションがベストですが、**どちらかを犠牲しなければいけない決断を迫られたときは、慎重に検討**するようにしましょう。全体のデザインを著しく損なうことがない限りは、実用性を取る方が、将来にわたって安息な暮らしを約束してくれるはずです。

施工箇所も吟味しましょう。大して利用することのない、目のほとんど届かない箇所にこだわる必要はありません。極端な話、収納の中にお金をかけるより、よく目に付くところにお金をかけるべきです。施工業者の営業からあれやこれやリノベーションの提案が持ちかけられるかもしれませんが、本当に必要な施工なのか、きちんと自問自答し選択する意識は常に持っておいてください。

最後に1つ大事なアドバイスをします。それは、楽しみながらオーダーリノベーションに携わるということです。アイデアを練り、イメージを膨らませ家族でいろいろと議論を重ねる時間が億劫だ、苦痛だと感じるようになってしまったら、リノベーションの旨味は極端に落ちてしまいます。

そのようなマイナス思考に陥るようでしたら、業者の施工事例をほぼそのまま採用し、苦痛な議論の時間を省くようにしましょう。

第5章まとめ

- ☑ リノベーションには、業者が行うものと自分で行うものが存在する。
- ☑ 目安額は㎡につき10万円前後かかる。
- ☑ 実用性とデザイン性のジレンマに気を付ける。

第6章

マイホーム購入のよくある質問にお答えします！

1 物件価格はどうやって決まるの？

物件（土地＋建物）の価格がどのように付けられていくのか、売主側の立場に立って考えてみましょう。

売主側の希望は「できるだけ高く売りたい」が第一ですが、事情によっては「早く売りたい」という気持ちを持ち合わせていることもあります。

売主がいち早く売却したいときは、相場よりも安い価格で購入できることもありますが、稀なケースとなります。安いときを希望のエリアで待って買うとしたら、相当の時間を覚悟しなければいけないでしょう。運も必要になります。

次に、物件価格の設定について、一般的な設定基準を分かりやすく説明します。

まず、直近で成約した近隣類似物件と、販売中の近隣類似物件の価格を参考に、㎡単価（もしくは坪単価）を出します。これに売却物件の敷地面積を掛けることで、基礎価格が算出されます。

㎡単価（もしくは坪単価）×売却物件の敷地面積（㎡）＝基礎価格

ここからさらに、物件の付加価値や特性を足したり引いたりします。物件としての希少性や日当たりなどの方角、戸建ての場合は接道状況など、物件価格に影響を与える要素を取り入れます。

■新築マンションの場合

付近の参考㎡単価が80万円、売却物件の面積が60㎡の新築マンションの場合、4800万円が基礎価格です。次の方法で算出できます。

㎡単価80万円×面積60㎡＝基礎価格4800万円

この物件は最上階で日当たりと眺望がよいとしましょう。この価値によって200万円を足して査定額を5000万円とします。通常であれば、ここにさらに売却時の諸経費分も入れて、5200万円で販売をスタートする、といったイメージです。

ただ、販売の問い合わせ数が少なくなったり、類似のライバル物件が多くなり希少性が低くなったりすると、おおよそ50万円程度ずつ下げて価格を見直していきます。

このような流れで物件価格は動いていきます。

■中古戸建ての場合

付近の参考㎡単価が20万円、売却物件の土地面積が120㎡の中古戸建ての場合、2400万円が土地価格です。次の方法で算出できます。

㎡単価20万円×面積120㎡＝土地価格2400万円

続いて建物価格ですが、構造・広さ・経過年数・設備・材料や状態などを考慮して査定します（これを皆さまが行うことは困難です）。今回は800万円としましょう。

よって、土地と建物を合わせた物件価格は3200万円になります。

ここにマンションと同様、売却時の諸経費を足し入れます。さらにこの物件付近は戸建てが少ない上に、売却をさほど急いではいないという心情から、やや強気に400万円ほど上乗せし、3600万円で販売をスタート。

こちらもマンション同様、もし問い合わせ件数が少なくなったり、ライバル物件が増えたりしてきたら、おおよそ50万円を目安に値下げしていくのが通常の流れです。

価格というものは、相場はあれど、「コレ！」という正解はないといえるかもしれません。売主の心情など、客観的にはとらえにくい背景や事情が絡んでくるからです。

ちなみに中古物件で、売主のローンの**残債がある場合、その額を下回っての売却は現実的ではありません。**また、残債付きの物件は債権者（ローンを組んだ金融機関など）の許可を経てから売買を行うのがルールとなっています。

2 売買契約前後で注意すべきこととは？

■契約書と重要事項説明書の読み方

契約時は売主と買主とで、契約書および重要事項説明書の読み合わせをし、押印することで両者内容に納得したこととし、締結となります。

契約書には、買主と売主の間に交わされる約束事、たとえば売買価格、手付金、違約事項、瑕疵《かし》担保など、お金や補償に関することなどが細かく書き記されています。入念なチェックが必要です。

重要事項説明書には、売買する不動産の性質、たとえば用途地域、建ぺい率や容積率、各種制限や接道する道路のことなどが記載されています。さらにその性質の**根拠となる書類も添付**されています。

契約書も重要事項説明書も、一度読み合わせただけでは理解しにくい部分が多いです。また、当日に内容の変更を申し出ると、対応後に改めてまた契約の場を設けることになりますし、当日売主の目の前で変更を申し出ることを遠慮してしまうケースも考えられます。可能であれば、不動産会社からひな型を事前に手に入れて内容をあらかじめよく読んでおくとよいでしょう。基本的な内容は不動産保証協会などのフォーマットに従っているため、実際の契約書と大きな差異はないはずです。ただし、特約については案件ごと個別に追記されていることが多いので、この部分だけは念入りに読み込み、内容を理解するようにしましょう。

■各契約条項の期日

売主との約束事をまとめた契約条項の中に、次のような期日を設けているものがあります。

●手付解除期日

預けた手付金を放棄すればキャンセルできる制度を利用できる期日。この期日を過ぎてから取引をキャンセルした場合、手付金に加えて違約金を支払うことが一般的です（手付金は売買価格の5％が目安で、違約金は10～20％となる場合が多いです）。

●ローン承認期日

ローンの本承認を取得しておくべき期日。本承認を受けられないままこの期日を過ぎてしまうと、売買契約そのものが白紙になることも考えられます。細かい内容は取り交す契約により違いがあります。

●ローン解除期日

ローンが不承認であった場合、契約解約すれば白紙にできる制度を利用できる期日です。

第6章

この期日を過ぎてから解約を申し出ると、手付金が戻らなかったり、違約金を支払うことになったりといったペナルティが課せられます。

●**引き渡し期日**

その名の通り、引き渡しを完了させる期日です。この日までに売主は不動産の権利や鍵やカタログなどを買主に譲渡し、一方の買主は売主に残金（売買価格から手付金を引いたもの）を払わないといけません。期日を過ぎた場合のペナルティは契約ごとに異なるので、契約内容をよく確かめましょう。

これら期日の把握はもちろんのこと、期日を過ぎた際のペナルティ内容についても確認しておくようにしましょう。

3 減額交渉は可能？

結論から先に申し上げると、減額交渉は可能です。

新築・中古問わず、売主側が減額を認める理由には主に次の2つがあります。
・交渉前提で想定より上乗せして販売しているため。
・想定期間を経過しても売れないため。
そこで交渉を円滑に進めるため、近隣類似物件の相場や、マンションや建売であれば契約進捗状況など、周辺の事情を把握しておくことをお勧めします。

減額交渉を遠慮する方がいますが、仲介を担う私としては「**シュートは打たなければ入りませんよ**」と後押しサポートしたく思っています。

■減額交渉は方法とタイミングがポイント

ただし、**交渉の方法とタイミングには気を付けましょう。**

「100万円下がったら買います」と単刀直入に伝えるだけでは、ただの買い叩きともとられかねません。**きちんと下げてほしい理由を添えるように**しましょう。

「どうしても100万円予算が足りなくて……」

「リフォームをしたいので……」

「あと100万円下がると融資が通りやすくなるので……」

第6章

つまり、「**販売額分の価値は感じているが、こちらの財布事情で減額をしてほしい**」と**いう控えめな気持ちでお願いするのが得策**ということです。また、口頭でいきなりお願いするのは具体性が感じられず逆効果となる場合が多いので、**まずは書面に起こして交渉するといいでしょう。**

事前の内見などで売主や販売業者に好印象を与えていると、より交渉は円滑に進むと思います。

交渉のタイミングとしては、早いに越したことはありません。契約間近で交渉するのは遅すぎます。売主の心証を損ね、最悪の場合、契約そのものが破談になってしまうケースも考えられます。**常識的な範囲で、タイミングを見誤らないで交渉**しましょう。

4 引き渡し時はどうすればいい？

引き渡しというのは、住宅購入の最終段階です。売主から買主へ不動産を引き渡すことであり、具体的には鍵や設備のパンフレット、宅配ＢＯＸカードなどを引き渡します。同日に司法書士が名義移転の登記を行い、正式に引き渡しが完了したら、晴れて買主の我が家となります。

引き渡しの段階になると、いよいよもうゴールも目の前ということで、気を抜きがちです。しかし、この引き渡しこそ、目を皿にして臨んでいただきたいのです。

なぜなら、引き渡し時（もしくは引き渡し直前）は物件の傷や汚れ、設備の不具合の有無をチェックしなければならないからです。次に、新築と中古における引き渡し直前の一般的なチェックポイントを示しますので、参考にしてください。

■新築物件の最終チェックに遠慮は要らない

新築物件の場合、引き渡し前の約半日から1日をかけて、チェックを行うのが一般的です。

新築というと、何1つ傷のついていない完璧な状態というイメージがありますが、1つ1つの施工を人間の手によって行った後の製品ですから、些細な汚れや傷、ときには欠損もあります。引き渡し前は施工会社もしくは建設会社の責任、**引っ越し後は買主や引っ越し業者の責任という明確な線引きがある**ため、買主による新居のチェック作業は入念に行

第6章

い、もし傷や汚れなど見つかった場合、手直しを依頼しましょう。

ちょっとした傷に気付いても「このくらいなら」と遠慮して申し出ない方がいますが、ここで気を遣う必要は全くありません。

施工会社はプロですが、傷が付いてしまうこともあります。しかし、手直しをして引き渡すのが当然の仕事ですから、気になったところは逐一指摘し確認するようにしましょう。手直しの必要が出た場合、補修や清掃など、無償で行われるのが一般的な流れになります。**厳しい目を持ってチェックするのは大事なことですが、だからといって高圧的な態度をとるのはよくありません。**施工業者や建設会社などの関係者は皆、一丸となって良い住まいを作るために頑張ってきた同志です。

遠慮は要りませんが、クレームを付けるように指摘するのではなく、終始和やかなムードの中でチェックをするとよいでしょう。

■中古物件の最終チェックは資料との比較を念入りに

中古物件の場合、多くの些細な傷や汚れは目をつぶらないといけません。それらの要素も含んだ上での物件価格であることを踏まえておきましょう。

契約時に売主が住んでいる場合、引き渡し時に荷物はすべて撤収されていますが、汚れについては現状引き渡しがほとんどです。入居前の清掃は、新しく住む買主の負担にて行うことが一般的です。

家具がなくなって初めて気付く傷や汚れもあり、この点は注意が必要です。

たとえば床が腐食していた、壁紙が剥がれていた、水漏れの跡があったと気付いた場合、事前に報告共有のなかったものに関しては、補修費分を減額してもらったり全額補修してもらったりなどの交渉が必要となります。**必ず引き渡し時にチェック**をしましょう。

話は前後しますが、引き渡しよりも前、売主との間で契約を締結する際に「**物件状況報告書**」を買主は受け取ります。「給湯器：異常無し」「洗面台：ボールにヒビがある」「食洗器：使えるが異音がする」など、設備の状況が細かく挙げられている報告書です。締結時によく内容をチェックしておきましょう。

ただ、私の正直な意見としては、**契約時の時点で報告を受けるのは遅いと感じています。これら設備の状況を把握した上で購入を決め、契約に望んでいただきたいからです。**

そこで最初の見学時点で、前向きに検討するようであれば、買い付け申し込みと同時点で「**物件状況等報告書を先に見せてくれませんか？**」と**お願いしてみてください**。

また、「告知書」という資料もあります。告知書は近隣との申し合わせ事項や騒音など悪影響を及ぼすものについてなど、事前に確認共有するための報告書です。こちらも早い段階で確認できることが望ましいです。

《引き渡し前のチェックポイント》

・チェックする人数は多いほど不具合発見の可能性が高まります。ご両親やご兄弟たちに、お披露目も兼ねて参加してもらうといいでしょう。

・チェック箇所を記入する図面を持っていきましょう。

・明るさが足りない部分を照らすためライトを持っていきましょう。

・建具、床や階段は傷の多い場所です。端から端まで、ライトを使ってじっくりチェックしましょう。

・クロス（壁紙）は端の部分の剥がれやすき間をチェックしましょう。

・戸建ての場合は駐車場のひび割れや外壁の傷など、室外にも注目しましょう。

5 引っ越し料金っていくら?

■激混みシーズンの料金は従来の3倍!?

昨今の人材不足も手伝って、**引っ越し料金は上昇する一方にあります**。日にちによっても差があり、平日よりも土日の方が、需要が高まる分、引っ越し料金も高くなる傾向にあります。**まるで平日とGWの旅行代金のようです。**

とくに高騰するのが、入学や入社など、新生活のスタート前である**1〜4月**です。この期間は引っ越し業者の繁忙期となります。

中でも、とくに混んでいるのが3月です。平日で4万円のプランが15万円、10万円のプランが38万円に跳ね上がっているのを見たことがあります。以前、どうしても3月下旬に引っ越しをしなければならないお客さまがいたのですが、急きょ引っ越し業者に依頼をしたところ、平日の3倍という額を提示されてしまいました。

もっと安く引き受けてくれるところがないかと他の業者を当たってみたところ、通常の価格で請け負ってくれる業者を見つけることができました。その業者に依頼したのですが、最悪なことが当日起きたのです。午前10時の予約をしたのにも関わらず、引っ越し業者が来たのは午後8時。なんと10時間も遅刻してきたのです。

それだけ忙しいシーズンだったという話なのですが、安くてもこの有り様ではたまったものではありません。可能であれば3月は避けるべきでしょう。

■早めのスケジュール確保を

なるべく出費を抑え、ストレスのないようスムーズに引っ越しを完了させるため、早い段階でスケジュールのめどを立て、十分に計画を練っておくようにしましょう。

引っ越しは、5月から11月の比較的落ち着いている時期が理想です。平日ならなおよいでしょう。

時間を指定する場合、きちんと時間通りに来てもらえるのかを必ず確認しましょう。曖昧な返答であれば、朝一番の便で来てもらうか、他の業者に頼む方が無難です。

傷やトラブルなどのアフターサービスや保証が万全かどうかも、しっかりと確認しましょう。

6 ご近所さんへの挨拶、どうするのがマナー？

■挨拶の時期

ご近所さんへの挨拶は、一般的には次の時期がよいと思います。

●戸建てを新築する場合

土地購入後、地鎮祭の前後。建築工事を始める前が適当です。

●建売や中古マンション

引っ越し直前や引っ越し後がいいでしょう。

●新築マンション

購入は他の方々と同時ですが、入居の時期はずれるはずです。自身の引っ越しや周りが引っ越してきたタイミングに挨拶をしましょう。

●中古のリフォームやリノベーション

物件購入後から工事着工前に済ませましょう。

第6章

■挨拶のポイント

挨拶の際に意識するのは、次の情報を「知らせる」ことです。

・どこから来たのか（出身地なども）。
・どんな家族構成なのか。
・いつ引っ越してきたのか（もしくはいつ引っ越すのか）。
・工事をする場合はいつからいつまで工事を行うのか。
・工事の内容はどういったものなのか。

このような、近隣の人たちが把握したいであろう情報を挨拶とともに共有しましょう。

誰でも自分の行動範囲の中に、**見知らぬ新しい人がやって来ると警戒や不安の気持ちを抱くのは当然です**。その警戒や不安を解くために、挨拶を通して知らせてお互いの距離を縮めることが重要となります。**人間の心理として「知らない」ことは、相手の不安をあおります。**

挨拶をおろそかにしてしまうと、お互いを知らないまま新居生活をスタートさせることになり、警戒や不安の心が消えることはありません。あまり考えたくないケースですが、嫌がらせやクレームをしてくるご近所さんが出てくる可能性も捨てきれないのです。

ご近所さんとうまくいかないままのスタートは、せっかくの新生活がマイナスからのスタートとなり、幸せとはほど遠い気分を味わうことにもなりかねません。

挨拶はときに大きなメリットをもたらしてくれます。ゴミの出し方や近所の安いお店など、耳寄りな情報を教えてくれることもあるからです。教えを請うことで心の距離が縮まることになるでしょう。**ご近所さんの「役に立ちたい」という気持ちに感謝し、既に知っていた情報でも「おかげで助かりました」という姿勢で接するとよいかもしれません。**

挨拶は相手に知らせるだけでなく、こちらがご近所さんや街のことを知ることもできるとても貴重で意義のある儀式なのです。

先に住んでいた方が偉いとか、後から来た人は偉くない、といったことはありませんが、ご近所さんとはこれからの人生の大きな部分を共有し合うことになる仲ですから、仲間意識を持って接するよう心がけましょう。スタートが肝心です。

訪問する際の**挨拶の品は、菓子折りや、ラップやタオルなどの生活用品が適当**でしょう。謝罪でもお祝いでもない挨拶ですから、**金額の大小にはこだわらず、気持ちを伝えることが大事です。**

注意点としては、不在のためになかなか挨拶できるタイミングが訪れないことも考えら

第6章

れるので、食べものは賞味期限の短い物を避けるようにしましょう。

7 地鎮祭・上棟式の意義や相場とは？

■地鎮祭は神様への挨拶式

家を建てる前の土地で行うのが地鎮祭です。

地鎮祭は土地の神様に工事の無事と、依頼者（つまり土地の所有者である買主）の健勝をお祈りする行為です。費用は3～7万円程度が一般的で、神主さんやお坊さんに依頼をします。依頼者自身が寺や神社に依頼してもいいですし、建設を担う工務店に段取りを任せることも可能です。

一般的な流れとしては、まず祈祷を行い、お米やお酒、塩を撒き、砂山にスコップを入れ、また祈祷を行います。そしてお神酒《みき》をいただいた後、神主さんやお坊さんによる挨拶があり、無事に終了となります。全行程の所要時間は45～60分程度をみておきましょう。

流れを指揮する神主さんもしくはお坊さんが都度誘導してくれるので、事前に流れや行動を覚えておく必要はありません。ご家族やお知り合いの方の参加も可能となっています。

■上棟式はスタッフへのお礼の儀式

建設スタッフの安全と依頼者の健勝を祈り、建設スタッフにお礼をするのが上棟式です。地鎮祭と同様、工務店やハウスメーカーに依頼してもいいですし、自身で段取りすることもできます。行わない事例も増えています。

実施するタイミングは、古いしきたりとしては骨組みが完成した後に行うものが一般的でしたが、近年は多様な建設方式が存在し一概にはいえません。多くの場合、クレーン車で上階の部分を釣り上げた作業の後となることでしょう。

お酒やお弁当、オードブルなどを振る舞い、参加者にお返しの品を、建設スタッフにご祝儀を渡す方もいます。その場合の金額は、棟梁は1～3万円、他のスタッフは5000円程度になります。

上棟式の流れは工務店のスタッフが指揮してくれるはずなので、それに従いましょう。ただし依頼者の挨拶が必要なので、簡単な言葉を考えておくことをお勧めします。内容としては、スタッフへの労いの言葉と、どのような家族が住む予定であるといった旨を伝えておくといいでしょう。

また、建設スタッフへのお礼や労いは、こういった区切りのときだけでなくこまめに行っておくことをお勧めします。建設中の現場に行く機会が数回あると思うので、その際に飲み物などの差し入れをして交流を深めておくといいでしょう。

スタッフの方々のやる気を上げ、「この人のためにいい家を作り上げたい」という気持ちをより一層持ってくれるようになります。おまけの施工も発生するかもしれません。

8 「オーナーチェンジ物件」や「競売物件」に住むことは可能？

■オーナーチェンジ物件はあくまで投資用

「賃貸運用中の物件を購入し、自分が住むことは可能か？」という問い合わせをいただいたことがあります。賃貸運用中の物件とは、所有者が第三者に物件を貸し出し、家賃収入を得てオーナー経営する物件のことです。

入居者がいる状態、つまり家賃が発生している現状のまま、何らかの事情でオーナー権を販売するケースがあります。このような販売物件をオーナーチェンジ物件と呼びます。巷のチラシで「オーナーチェンジ物件につきすぐ収入発生」や「利回り〇%のお買い得物件」といったコピーを見かけたことがあるかもしれません。

このようなオーナーチェンジ物件に、オーナー自身が住むことは可能なのでしょうか。答えとしては「可能」です。しかし決してお得とはいえません。

オーナー自身が住んだら、当然家賃収入を得ることはできません。また、購入時に金融機関から融資を受ける場合、**住宅ローンではなく投資ローンになり金利が高くなる傾向があるから**です。

さらに、オーナーチェンジ物件はすでに誰かが入居しているので、オーナーが住むには入居者に退去してもらわないといけません。退去してくれるか分からない上に、承諾してくれたとしても**退去費用が発生する可能性が高い**のです。

同じ理由から、購入前に見学がしづらいこともネックになります。

これらを加味すると、オーナーチェンジ物件に住むことは得策とはいえないでしょう。あくまで投資用の物件ですので、自分が住むための物件購入の際は、たまたま現入居者が退去するタイミングの場合を除き、オーナーチェンジ物件は対象から外してしまってよいでしょう。

■競売《けいばい》物件と任意売却物件

住宅ローンを半年程度滞納してしまうと、競売といって強制的にオークションへ出されてしまいます。居住者は退去しなければいけません。このような経緯で販売に出された物件を競売物件といいます。

また、オークションの成立までに居住者の任意で売却することも可能です。任意売却物件と呼び、価格設定などは債権者である居住者の意向が適用されます。

競売物件や任意売却物件は、早急の処理が必要とされるため、相場よりも安価に設定されている傾向にあります。

したがってお得な価格の場合もあるので、これらを買い求める方もいます。しかし希望の条件を満たした物件が競売や任意売却されることは、滅多にないといえるでしょう。

また、競売物件には次のような懸念もあります。

・室内見学が不可能（室内が荒れている傾向がある）。

・ローンが組みにくい。

・入札時に入札総額の2割程度の現金が必要。
・入札できても、必ず買えるとは限らない。
・設備などの保証がない（瑕疵担保免責）。

以上の点から、いくら安価とはいえ競売物件は住むにはあまり適していません。投資物件としての運用がベターといえるでしょう。

対する**任意売却物件は、通常の売却とほぼ同じ条件**です。見学できますし、住宅ローンも組めます。入札はないので、買えるか買えないかはすぐに分かります。これで価格も相場より安めですから、任意売却物件は狙い目ともいえます。希望の条件にかなったものが見つかったらぜひ押さえたいですが、前述の通り供給自体が少ない物件なので、過度な期待は禁物です。

検討していた物件がたまたま任意売却物件であった程度の出会いがよいかと思います。

9 この用語の意味が知りたい！

本書内で何度か登場した専門用語や、家を買うに当たって避けて通れない専門用語について、カテゴリーごとに分かりやすく説明します。

■契約関連

①②または①②③などの組み合わせにて、同時に進行する場合があるため、混同しないように、契約の内容を理解しながら進めましょう。

①不動産売買契約

不動産の売主と買主の間で交わす約束事です。

いくらで、どのような状態で、いつまでに引き渡すなどの条件面を確認することが第一の目的です。契約から引き渡しまでの途中で起きたことに対する対処法や解決策を書類に起こし、双方が署名押印する大事な契約です。

契約時の流れは、書類の読み合わせと署名押印、手付金の支払いや今後の説明になります。

②金銭消費貸借契約

ローンを締結する金融機関との契約です。

いくらを、どのような金利で、いつまでに何回で返済するかを決め、約束し合います。

また、返済できなくなった場合の対処法や解決策を書類にまとめ、双方が署名押印します。

物件に抵当権の設定登記が必要になるため、司法書士に委任し、物件を引き渡す日に委任状を記入して法務局へその後の手続きを任せます。

③請負契約

新築、リフォーム、リノベーションを行う施工会社との契約です。

いくらで、どのような物を使用して、どのような形で、いつまでに工事完了するかなどを確認し約束を交わします。途中や施工後に起きたことへの対処法や解決策を書類に起こし、双方が署名押印します。

■税金関連

①固定資産税・都市計画税

1月1日時点の不動産（土地・建物）の所有者に課す永続的な税金です。

1年分を一括または4期に分けて支払うなど、市区町村の自治体により税率や支払い方法は異なります。不動産購入時には、引き渡しの日によって売主と精算します。翌年度からは買主が完全な所有者になるため、全額負担となります。

支払い額の目安は、国の公表している固定資産税評価額という、路線価から算出された不動産の価格で計算できます。

固定資産税評価額は不動産の相場とは異なり、また地域によっては不動産の相場価格の8割程度など、低くなっていることがほとんどです。計算が複雑のため、自身での計算は厳しいかもしれません。不動産業者に確認しましょう。

②不動産取得税

不動産を取得した際に要する税金です。

支払い額は固定資産税評価額の３％になります。しかし、一定の要件を満たせば控除されます。控除により０円になることも少なくない税金です。

③印紙税

印紙を契約書に貼付し割印する形で納める税金です。

不動産売買契約、金銭消費貸借契約、請負契約など各契約時に必要です。契約する金額に応じて印紙代が異なります。郵便局などで購入が可能です。

④住宅ローン減税（控除）

適用条件（物件・年収・リフォームの有無など）を満たした場合に住宅ローンを利用すると、所得税や住民税が控除される制度です。

現制度（令和元年12月時点）では、10〜13年間で最大４００万円まで戻ってきます。詳細は、インターネットで調べたり、不動産仲介業者や金融機関の担当者、または税務署に相

第6章

談したりしてみるといいでしょう。

⑤すまい給付金

新築のみ適用、適合条件に合致していれば、新築後2年以内に申告手続きすることで、最大50万円の税金が返金される制度です。

現行制度における給付金対象条件は、年収の制限（家族構成などの条件により異なります）、住宅ローンを利用（年齢制限などにより利用できない場合もあります）、床面積が50㎡以上など、いくつかあります。

■建物関連

①用途地域

土地ごとに建築可能な建物と不可能な建物があります。また建てられたとしても、高さ制限や階数制限、隣との距離など、厳密な規定が設けられています。このような土地利用の区分けを行ったものが用途地域であり、現行12種類が存在します。

今は存在しなくても、今後周辺地域に高層ビルや工場が建てられることがないか、不安な方も多いかと思います。そういったときは用途地域を調べてみましょう。インターネットや役所で知ることができますし、販売図面にも記載があります。不動産業者が情報を持っていることもあるので、忘れず確認しましょう。接道する道路の大きさにより、緩和されることも想定してください。

②建ぺい率

敷地面積に対する建築面積の割合です。

敷地面積が100㎡の土地に建築面積50㎡の家を建てたら、建ぺい率は50％という計算になります。建ぺい率には制限があり、規定値をオーバーしていると建築の許可がおりないだけではなく、住宅ローンを組めない場合があります。

③容積率

敷地面積に対する延べ床面積（すべての階の床面積の合計）の割合です。敷地面積が100㎡の土地に床面積80㎡の家を建てたら、容積率は80％という計算になります。

容積率にも制限があり、規定値をオーバーしていると建築の許可がおりないだけではなく、住宅ローンを組めない場合があります。

④接道義務

建物のある敷地は、最低2m道路（認定されているもの）に接道している必要があります。何らかの理由でそれを満たしていない物件が存在しますが、相場より安価な設定となっています。

接道義務を満たしていない敷地は、建替えができなかったり住宅ローンが利用できなかったりなどのデメリットがあります。

⑤地盤

地面の奥、地中のことです。建物を建築する上で、土地の強度は非常に大切な要素になります。建物の基礎を地面に組み立てるのですが、これは固い地盤に近ければ近いほど頑強となり、安心な家作りがかないます。地表近くの地盤に不安がある場合は、硬い地盤までイカの足のように杭を伸ばす必要があります。

改良の有無など、地盤の状態に関しては、次の4種類があります。

・地盤改良なし
・表層改良
・柱状《ちゅうじょう》改良
・鋼管杭《こうかんくい》による改良

建物から固い地盤までしっかりつながっていないと、時間とともに建物がずれてきたり、地震などの災害時に影響を受けやすくなったりします。詳細な地盤改良の状況は書類に起こされているので、確認が可能です。

⑥既存不適格物件

容積率や接道義務などの規定値を満たしていない物件のことです。該当項目でも説明したとおり、住宅ローンを組むことができません。ただし、解体を前提とした上での土地購入であれば住宅ローンを組むことができます。

⑦事故物件

室内や敷地内にて事件や事故、自殺が発生した物件です。相場よりも2～3割程安くなっているケースが多く、全く気にしない方にとってはお買い得物件といえます。しかし、件数自体が少ないため、狙って探すと前に進みにくいかもしれません。

⑧インスペクション（建物状況調査）

資格者に建物の状態確認および瑕疵の調査をしてもらい、その結果を書類に起こすことです。インスペクションを行う義務は売主・買主双方ともにありませんが、売主には行ったか否かを明示する義務があります。

⑨ハザードマップ（被害予測地図）

主に、次に挙げる被害が発生した場合を想定した地図です。物件に目星が付いた段階で、必ず一度は確認しておきましょう。

・地震
・津波
・土砂崩れや急傾斜倒壊
・河川の氾濫や洪水

ハザードマップはあくまで予想値に過ぎません。比較的安全性が期待できる地域だからといって、災害対策を一切しないというわけにはいきません。いざというときのため、防災グッズをしっかり準備し、避難場所を把握し、家族間での約束事などの共有は必ずしておきましょう。

■保険・費用関連

①団体信用生命保険（団信）

プランにもよりますが、加入者が死亡または所定の発病をした場合、住宅ローンが免除となる保険です。月額で支払うタイプ、金利に上乗せするタイプ、金利に強制的に含まれているタイプがあります。加入するかどうかは任意です。残される者に対する保険となります。

②銀行保証料

ひと昔前に借金をする際は、債務者（借りた側）から返済が滞ったり、返済不可能となってしまったときの保険として、債権者（貸す側）は債務者に連帯保証人をつけたり、担

第6章

保を準備してもらったりしていました。

しかし、昨今は保証人への回収に要する労力や費用の高さ、現実性の低さから、個人の保証人ではなく法人や機関の保証人を付けるケースが多くなってきました。その法人や機関を保証会社と呼びます。お願いする上で必要な料金を保証料といいます。債務者は保証人や担保を準備する必要がなく、保証会社に加入することを条件にお金を借りることができます。なお、金融機関の行う審査のほとんどの権限は保証会社にあります。

③手付金

契約時に買主から売主へ支払う内金のことです。売買価格の5％や、100万円や150万円などのキリのいい価格が採用されるケースがほとんどです。

法的な上限はあるものの、下限はないため、手付金は購入申込時に相談して決めていくことになります。したがって、ローンを利用する場合、銀行から全額融資を受ける引き渡しのときまでは、手付金を貯蓄などから捻出する必要があります。

④頭金と自己資金

頭金とは、不動産売買の一連の中で最初に買主が（貯金から）支払うお金のことです。

購入額の多くはローンを利用して支払うことになりますが、一定の貯蓄がある場合は、返済負担を減らすため、頭金を捻出します。また、この頭金に諸費用を加えた合計の金額を自己資金と呼ぶことが一般的です。

たとえば、3000万円の不動産を購入、諸経費が240万円だったとします。合計3240万円の買い物です。

貯金から340万円支払うとしたら、諸経費の240万円と不動産の一部である100万円分で相殺されることになります。このとき100万円が頭金で、諸経費を含めた340万円が自己資金となります。

ローン借入の比率が低いほど、金融機関の評価が高くなり、保証料や事務手数料が安くなったり、金利が低くなったりします。しかし、無理をして毎月の生活が苦しくなるケースも考えられるので、生活面も含んだ総合的な観点から自己資金や頭金は決めましょう（図6－1）。

第6章

図6－1　頭金と自己資金

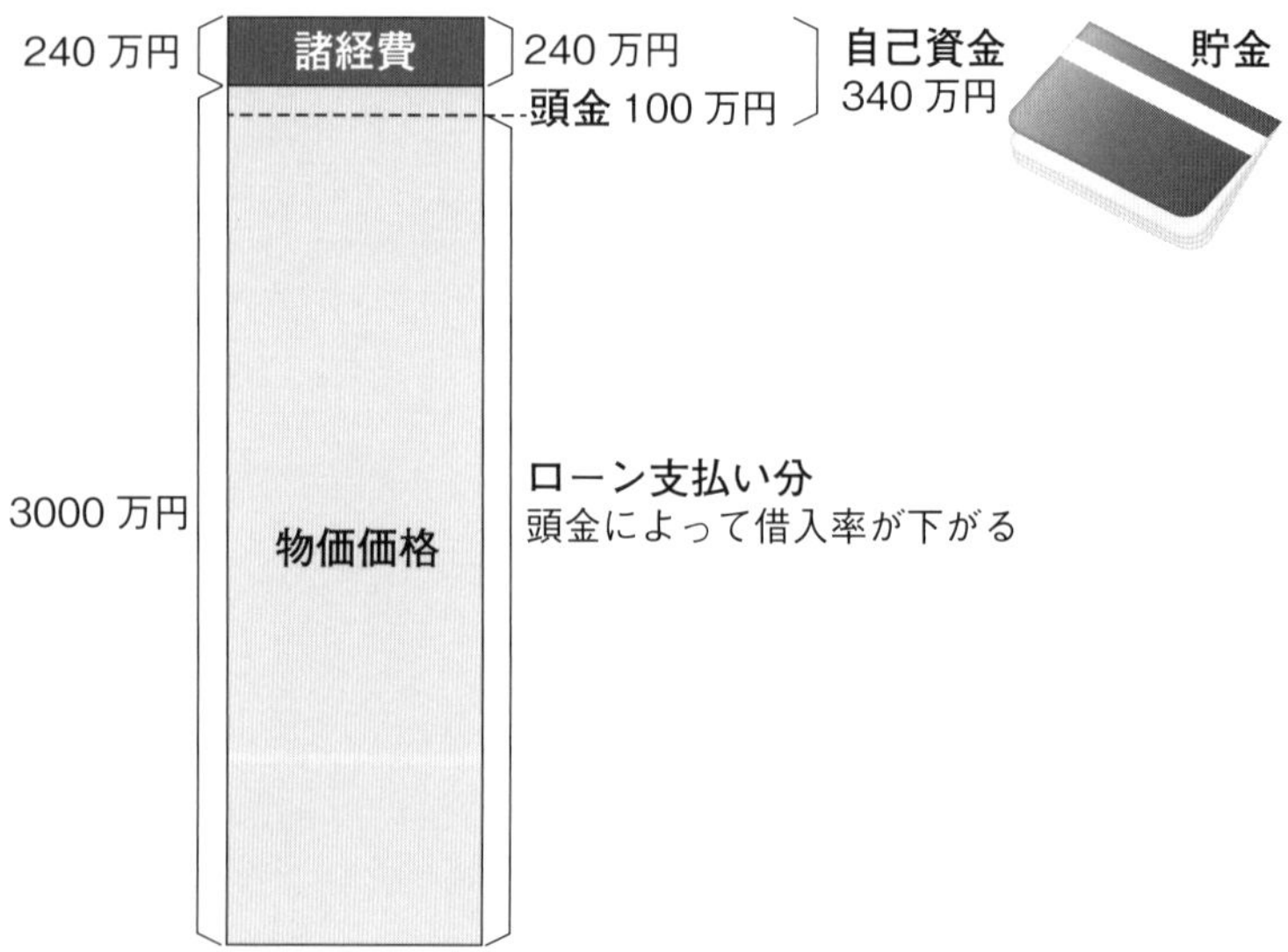

⑤管理費

分譲マンションで毎月発生する費用です。主に共有部分にかかる費用で、エレベーターやオートロック、宅配ＢＯＸ、エントランス・廊下の照明などの電気代や維持管理費、管理員や清掃スタッフの給料などに要する費用が該当します。

⑥修繕積立金

マンションの塗装や修理、大規模修繕などは大金を要します。そのために、事前に積み立てておくお金です。新築時から変動していくのが一般的です。

第6章まとめ

☑ 契約書・重要事項説明書は念入りに読み込む（設備状況報告書も確認）。

☑ 「始めが肝心！」ご近所さんへの挨拶は効果が大きい。

☑ 引っ越し料金は時期によって大幅に異なる。

☑ 競売物件などは、安価の傾向があるが懸念材料も多い。

おわりに

大学時代、私は「人を救う仕事に就きたい」という希望を持って就職活動に励みました。しかし、なかなか思うように理想の仕事に出会うことができず、将来への不安に押しつぶされそうになった時期もありました。

そんなとき、知り合いの留学生からこのような話をしてもらったのです。

「私の国では、医者、弁護士、不動産業者は人を救う高貴な仕事といわれています」

これをきっかけに一念発起、「多くの人たちに理想の住まいを提供し、笑顔でいっぱいの幸せな生活の実現へ向けたお手伝いをしたい」という気持ちを胸に、私は不動産会社に就職しました。

しかし、入社後に待ち受けていたのは、思っていたのとは全く別の世界でした。

「いつか、自分の思い描いていた、人を救う不動産業を開業しよう」

そう決意し、現在に至ります。

現在、私の会社へ相談に来られるお客さまのうち15％がインターネットからの反響、残りの85％が知人や過去のお客さまによる紹介です。

これは、過去の多くのお客さまたちが、私たちスタッフとの出会いを通して、「笑顔でいっぱいの幸せな生活」を実現することができ、さらに「家探しに悩んでいる知り合いにも同じ経験をしてほしい」という思いから、紹介をしてくださっているのだと感じています。

この事実を喜ぶと同時に、私の行ってきたことが正しかったという安堵と自信に満たされます。また、これから出会う多くのお客さまのためにも、日々研鑽を積んでいく決意を新たにしています。そして、全国の不動産業者にもそうなっていただけるよう願っています。

本書が、1人でも多くの方の救いになると信じています。本書の内容を参考に、家族全員が「この家にして良かったね」といえる家探しを成し遂げてください。

最後になりましたが、

・本書の出版に関わっていただいたコンサルタントの西尾英樹先生

・西尾先生との出会いの場である横浜異業種交流会キャリアセッションの鵜野紀彦代表、幹事の皆さま
・本書を執筆するための「経験」を培わせてくださったお客さまや当時の勤務先の皆さま
・日ごろよりお世話になっている株式会社前田の前田英男社長、株式会社マキハラの牧原健一社長、株式会社V．P．Sの小山貴社長、株式会社イーフラットの東平豊三社長、株式会社トライバーズの戸田雄大社長
・いつもご協力いただいているリノベ不動産ネットワークの鎌田友和社長をはじめスタッフの皆さま、加盟店の皆さま
・快く写真や情報をご提供いただいた銀杏開発株式会社の村田智仁社長、村田鷹司専務
・年間3000件もの相談に携わらせていただいている一般社団法人不動産相談協会の福井紀之代表、杉山善昭理事、皆さま
・出版に携わっていただいた合同フォレスト株式会社の山中さま、山崎さま、澤田さま
・情報をご提供いただいた有限会社タウルスの青木智宏さま
・執筆を応援してお声がけくださった皆さま

そして
・嫌な顔をせずに執筆活動に理解を示し、協力してくれた当社スタッフ（西塚、青山、中澤、星川、金城）、両親・妻の両親や家族、心の支えである齋藤敦ファミリー
・最後までお読みくださった皆さまに厚く御礼を申し上げます。
本当にありがとうございました。

2019年12月

クレイン不動産流通株式会社

代表取締役　齋藤　剛

家探し編

【不動産業者選び】

- □ 質問の回答が的確か。
- □ 回答が早いか（１～２日以内）。
- □ 物件（資料、見学）をたくさん紹介してくれるか。
- □ 背景を聞き、オンリーワンで親身な対応・提案を行ってくれるか。
- □ 報告がマメであるか。
- □ 忙しそうか（人気の目安）。
- □ 事柄の全体像と現在位置を説明してくれるか。
- □ 物件の良いところだけではなく、悪いところも説明してくれるか。
- □ 取り扱い事例（他のお客さま）が多く、惜しみなく教えてくれるか。
- □ 在籍が長いか（責任感の目安）。

【資料検討】

- □ 予算設定に無理はないか（返済比率）。
- □ 間取りについて、無理はないか（生活導線や部屋数など）。
- □ 立地に不安はないか（利便性・安全性・資産性）。
- □ 病院や消防署、警察署の音（サイレン）の想定はできているか。
- □ 地域のハザードマップは確認したか。

□ 建物の構造、階層の差を理解したか。

□ ガスの種類（都市ガス・プロパン）を確認したか。

□ なぜ家を購入するのかの動機が明確になっているか。

【見学】 ＊資料ではわからないところを重視すること

□ 周辺の雰囲気（臭気、騒音、振動、交通の危険、街灯の数、お店、ご近所さん）はどうか。

□ 昼間と夜の違いを想定したか（人通り、暗さ）。

□ 平日と休日・昼夜の違いを想定したか（人混み、通行、渋滞など）。

□ よく利用するであろう道を確認したか（通学路など）。

□ 日当たりの度合い、当たるであろう時間を想定したか。

□ 風通しを確認したか。

□ 窓からの眺望（内側からの視線）を確認したか。

□ 外側からの視線を確認したか。

□ 収納力を確認したか。

□ 天井高の体感や目視をしたか。

□ 広さの体感や目視をしたか。

□ 湿度やカビの状況の体感や目視をしたか。

□ 設備の不具合があるかを確認したか。

□ 戸建てならご近所さん（ゴミ置き場など）、マンションなら上下左右の方や共有部（自転車置き場など）の様子を確認したか。

□ 道路の排気ガスや海からの塩害を確認したか(洗濯物に影響はないか)。

【購入申込＆交渉】

□ 丁寧に書いたか（上手い下手ではなく、真剣に記入すること）。

□ 手付金の額は自分にも相手にも妥当かを検討したか。

□ ローン特約の有無を確認したか。

□ 残置物の決め事を確認したか。

□ 瑕疵担保責任の有無を確認したか。

□ 交渉事がある場合の回答期限を把握しているか。

【契約】

□ 重要事項説明（物件の説明書）に理解と納得をしたか。

□ 契約書（売主との約束事）に理解と納得をしたか。

□ 契約書に印紙を添付したか。

□ ローン特約期日（承認期日）を確認したか。

□ 引き渡し期日を確認したか。

□ 用途地域やハザードマップを確認したか。

□ 告知書を確認したか。

□ 設備状況報告書を確認したか。

□ ゴミ置き場や町会などとの取り決めの有無と内容を確認したか。

- □ 手付金の領収証を受け取ったか。
- □ 現在の住居からの退去との重なりをなるべく少なくなるよう調整したか。
- □ 電気、ガス、水道、テレビ、ネットなどの手配や調整をしたか。
- □ 引越業者の見積り、時期や価格の調整をしたか。

【引き渡し】

- □ 契約時に約束した、売主・買主双方の契約成就項目は達成したか。
- □ 引き渡し確認書を受領したか。
- □ 物件の室内外の状態は認識とずれがないか。
- □ 戸建ての場合は境界の確認をしたか。
- □ 残金の決済をしたか。
- □ 税金、管理費や修繕積立金などの日割り精算をしたか。
- □ 各領収証を受理したか。
- □ パンフレットや鍵、宅配 BOX カードを受理したか。
- □ ポストの解除番号を確認したか。

【確定申告】

- □ 住宅ローン控除申請の手続きを確認したか。

金融機関編

【比較検討】＊不動産業者やＦＰなどと一緒に

- □ 返済比率を計算したか。
- □ 自分に対象となる金融機関を選定したか。
- □ 金利で選定したか。
- □ ネット型銀行と店舗型銀行を比較検討したか。
- □ 固定と変動について比較検討したか。
- □ 保証料や事務手数料、団体信用生命保険を確認したか。

【事前申込（事前審査）】

- □ 必要提出書類を確認したか。
- □ 審査日数を把握しているか。

【絞り込み】

- □ 各プランの条件を比較検討したか。
- □ 申込～融資までに要する日数は、自分の物件に適しているか。

【本申込（本審査）】

- □ 必要提出書類を確認したか。
- □ 審査日数を把握しているか。
- □ ローン承認期日を確認しているか。

【金銭消費貸借契約（約束）】

- □ 必要提出書類を確認したか。
- □ 印紙を準備したか。
- □ 契約日時の設定をしたか。

【決済（融資の実行）】

- □ 返済開始日（返済表）を確認したか。

リノベーション編

【検討】

- □ メリットとデメリットを把握したか。
- □ 施工事例を見学し、イメージをつかんだか。
- □ 施工可能か否かの検討をしたか。
- □ 予算を検討したか。
- □ 方向性（テイスト）を検討したか。

【請負契約】

- □ 支払い時期と回数の確認。
- □ 価格の確認。
- □ 開始時期と終了時期の確認。
- □ 延長の可能性の確認。
- □ 保証内容の確認。
- □ 問題発生時の解消方法の確認。

【打ち合せ（テイスト決定）】

- □ 施工内容を確認したか。
- □ テイストを確認したか。

【施工】

□ 施工経過を見学したか。

□ 差し入れと励ましの言葉を提供したか。

【完成】

□ 不具合の確認をしたか（すべての可動を確認）。

付録
住宅購入・見学の
チェックシート

●著者プロフィール

齋藤　剛（さいとう・つよし）

クレイン不動産流通株式会社　代表取締役
一般社団法人不動産相談協会　理事

子どものころから消防士や警察官、弁護士などの人を救う仕事に憧れていたが、21歳の時に、海外では不動産業は尊敬される崇高な仕事であることを知り、不動産業に興味を持つ。

2004年に桜美林大学経営政策学部ビジネスマネジメント学科を卒業後、不動産会社に入社し、営業職となる。入社してすぐの7月に契約件数が社内で1位となる。入社から1年1カ月で店長に昇格。

次第に、ノルマのためにお客さまの人生を左右する不動産を紹介するという、業界の体質に疑問を持つようになる。

2013年、32歳で「ノルマのために強引に売るのではなく、お客さまにとって必要なタイミングで必要な物件を紹介したい」との思いで、クレイン不動産流通株式会社を仲間と設立。過去のお客さまから紹介をいただくことがないのが当たり前という業界において、85％以上を紹介で受注するという圧倒的な顧客満足度を誇る不動産会社へと成長させる。

お客さまを購入後に後悔させないことをモットーとし、「不動産購入に本当に必要な知識を1日かけて教える」「お客さまにとって購入しない方がよい場合は率直に伝える」「場合によっては他の不動産会社を勧める」など、親身な対応で支持を得ている。

また、一般社団法人不動産相談協会の理事としても100件以上の不動産トラブルの相談を受け、対応策をアドバイスしている。不動産業者向けのコンサルティングやセミナーも開催。

「医者や弁護士のように不動産に困っている人を助ける」という信念のもと、マイホーム購入で後悔する人を1人でも多く減らすべく日々奔走中。

◆クレイン不動産流通株式会社　ホームページ
https://www.c-red2.com